SISTEMAS ELEITORAIS

5ª EDIÇÃO REVISTA E ATUALIZADA

JAIRO NICOLAU

SISTEMAS ELEITORAIS

5ª EDIÇÃO REVISTA E ATUALIZADA

FGV
EDITORA

ISBN — 85-225-0492-X

Direitos desta edição reservados à
EDITORA FGV
Praia de Botafogo, 190 — 14º andar
22250-900 — Rio de Janeiro, RJ — Brasil
Tels.: 0800-21-7777 — 21-2559-5543
Fax: 21-2559-5532
e-mail: editora@fgv.br
web site: www.editora.fgv.br

Impresso no Brasil / *Printed in Brazil*

1ª edição — 1999
2ª edição — 2000
3ª edição — 2001
4ª edição — 2002
5ª edição revista e atualizada — 2004

REVISÃO DE ORIGINAIS: Maria Izabel Penna Buarque de Almeida

EDITORAÇÃO ELETRÔNICA: FA Editoração Eletrônica

REVISÃO: Fatima Caroni e Mariflor Rocha

CAPA: Studio Creamcrackers

Ficha catalográfica elaborada pela Biblioteca
Mario Henrique Simonsen/FGV

Nicolau, Jairo
Sistemas eleitorais / Jairo Marconi Nicolau. — 5. ed. rev. e atual. — Rio de Janeiro : Editora FGV, 2004.
112 p.

Inclui bibliografia.

1. Sistema eleitoral. I. Fundação Getulio Vargas. II. Título.

CDD — 324

Sumário

Prefácio

A primeira edição deste livro foi publicada em 1999. Na apresentação afirmei que dois motivos tinham-me estimulado a redigi-lo. O primeiro era uma avaliação pessoal sobre a necessidade de publicar no Brasil livros introdutórios sobre temas específicos da ciência política. O segundo, um certo incômodo com a cobertura, em geral confusa e imprecisa, da imprensa quando tratava do tema dos sistemas eleitorais e da reforma política. Cinco anos depois meu diagnóstico sobre a necessidade de publicação de livros introdutórios de ciência política não mudou. Mas minha avaliação sobre o segundo tópico é menos pessimista. Tenho a impressão de que tanto as análises dos articulistas quanto as matérias sobre sistemas eleitorais e reforma política melhoraram.

Esta nova edição de *Sistemas eleitorais* está muito modificada em relação às anteriores: alguns países foram acrescentados e outros retirados. Os dois primeiros capítulos foram bastante modificados e o capítulo 3 foi praticamente reescrito. Um novo capítulo, sobre os efeitos dos sistemas eleitorais, foi acrescentado. Um texto contendo alguns índices utilizados nos estudos eleitorais, publicado originalmente na coletânea *O sistema partidário brasileiro* (org. Olavo Brasil de Lima Jr., FGV, 1997), foi revisto, atualizado e colocado como um dos anexos do livro. Na verdade, a nova versão acabou ficando bem diferente da primeira. Acredito que mais precisa, mais detalhada na explicação dos modelos mais complexos e — espero — mais fácil de ler.

Quando escrevi a primeira edição deste livro, beneficiei-me dos comentários preciosos de José Giusti Tavares, Paulo Tafner e Charles Pessanha. A eles gostaria de agradecer mais uma vez. Vitor Peixoto auxiliou na montagem do banco de dados analisados no capítulo 4; a ele também meu agradecimento.

Introdução

Em geral, as regras eleitorais não devem ser pensadas como uma panacéia para todos os males. Mas não devemos subestimar sua influência.
(Rein Taagepera)

Quem tem alguma dúvida sobre a importância dos sistemas eleitorais basta conversar com um político. Ele sabe mais do que ninguém que as regras para computar votos e transformá-los em poder fazem diferença. Que cada uma dessas regras cria uma rede de incentivos e desestímulos, tanto para os eleitores quanto para aqueles que se aventuram na disputa de um cargo eletivo.

Vejamos um exemplo. Hoje existem duas regras diferentes para eleição de prefeitos. Nas cidades com população inferior a 200 mil eleitores a disputa é decidida em um único turno pelo sistema de maioria simples. Nas cidades com mais de 200 mil eleitores há a possibilidade de disputa de um segundo turno, caso nenhum dos candidatos receba mais de 50% dos votos. As eleições realizadas de acordo com diferentes regras estimulam um comportamento diferenciado dos dirigentes partidários e dos eleitores. No sistema de um único turno a tendência é que menos candidatos concorram, pois os partidos têm apenas uma disputa para negociar as alianças, e os eleitores utilizem com mais freqüência o voto útil (deixar de votar no candidato preferido para votar em outro com mais chance de vitória). No sistema de dois turnos, mais candidatos concorrem no primeiro turno, pois há possibilidade de que alianças sejam feitas entre o primeiro e o segundo turno, e menos eleitores tendem a utilizar o voto útil.

Em todas as eleições há regras previamente definidas para distribuir os cargos em disputa. Um partido com um determinado percentual de votos terá diferente fração de poder, de acordo com o sistema eleitoral utilizado. Por exemplo, em uma eleição realizada segundo o método proporcional, um partido que tenha recebido 10% dos votos provavelmente teria algo próximo desse percentual de cadeiras no Legislativo. Mas em uma disputa pela regra majoritária dificilmente esse partido elegeria o seu representante. Por isso, compreender como cada uma dessas regras funciona é fundamental.

Mesmo assim, raramente um eleitor comum conhece em detalhes as minúcias técnicas do sistema eleitoral adotado em seu país. São poucos os cidadãos brasileiros que sabem o que é e como se calcula o *quociente eleitoral* a ser utilizado para estabelecer quantas cadeiras caberão a cada partido no Legislativo. Da mesma forma, dificilmente passaria pela cabeça desse eleitor que em outras democracias o procedimento para a escolha de representantes pode ser completamente diferente daquele utilizado em seu país. Certamente ele ficaria surpreso ao saber, por exemplo, que em Israel os eleitores votam em uma lista de candidatos de todo o país, que na Espanha não se vota em nomes, mas apenas na legenda, que na França existem dois turnos nas eleições para deputados, que na Alemanha um partido só poderá estar representado no Parlamento se receber pelo menos 5% dos votos, ou que na Suécia uma parte dos votos é apurada nas regiões e a outra nacionalmente.

O sistema eleitoral é o conjunto de regras que define como em uma determinada eleição o eleitor pode fazer suas escolhas e como os votos são contabilizados para serem transformados em mandatos (cadeiras no Legislativo ou chefia do Executivo).

O sistema eleitoral não esgota as normas que regulam as leis eleitorais de uma democracia. Existe uma série de outros aspectos que são importantes numa eleição: quais são os eleitores aptos a votar; se o voto é obrigatório ou facultativo; os critérios para apresentação de candidatos; as normas de acesso aos meios de comunicação; os mecanismos de controle dos gastos de campanha e acesso ao fundo partidário; as normas para divulgação de pesquisas; as regras da propaganda eleitoral. Este livro dedica-se exclusivamente à análise dos sistemas eleitorais, deixando de lado a legislação que regula as eleições.

Existem muitas maneiras de classificar os sistemas eleitorais. A mais utilizada é segundo a fórmula eleitoral utilizada, ou seja, como os votos dados em uma eleição são contados para fins de distribuição das cadeiras disputadas. A partir da fórmula, podemos agregar os sistemas eleitorais em duas "grandes famílias": a representação majoritária e a representação proporcional.

Os sistemas majoritários têm como propósito garantir a eleição do(s) candidato(s) que obtiver(em) mais votos. Os sistemas proporcionais têm como objetivo garantir que os cargos em disputa sejam distribuídos em proporção à votação recebida pelos concorrentes. Os principais argumentos em defesa dos sistemas majoritários é que eles tendem a produzir governos unipartidários e permitem que os eleitores tenham maior controle sobre a atividade dos representantes. Já para os defensores dos sistemas proporcionais as eleições devem reproduzir no Parlamento, e da maneira mais justa possível, a diversidade de uma comunidade política. Por isso, esses sistemas são especialmente sugeridos para países com profundas divisões étnicas e religiosas.

A família dos sistemas majoritários pode ser dividida em três subtipos: *maioria simples*, *dois turnos* e *voto alternativo*. A representação proporcional é encontrada em duas variantes: *o voto único transferível* e o *sistema de lista*. Mais recentemente, diversos países têm optado por sistemas mistos, que combinam características do sistema proporcional e do majoritário. Os dois tipos mais comuns de sistema misto são os de *superposição* e de *correção*.

A figura 1 apresenta os sete tipos de sistemas eleitorais que serão analisados neste livro. A explicação sobre cada um desses sistemas será feita tomando um país como modelo (a única exceção é a representação proporcional de lista, na qual serão feitas referências diretas a mais países):

- maioria simples — Reino Unido;
- dois turnos — França;
- voto alternativo — Austrália;
- voto único transferível — Irlanda;
- misto de superposição — Japão;
- misto de correção — Alemanha.

Além desses seis países, o livro faz referência aos sistemas eleitorais utilizados em mais 49.[1] Apesar de os sistemas eleitorais serem empregados nas eleições de representantes no plano subnacional (estados, regiões, províncias, municípios) e mesmo no plano transnacional (Parlamento europeu), limito-me aqui à análise das regras empregadas nas eleições para a Câmara dos Deputados e para presidente da República.[2]

Figura 1

Os sistemas eleitorais

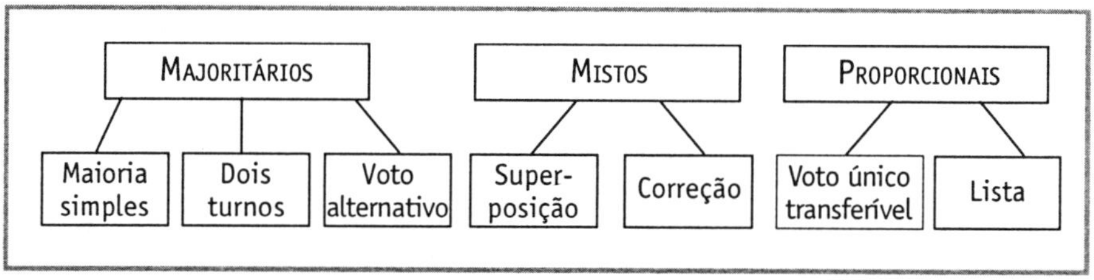

As divisões territoriais que formam a unidade básica em uma eleição têm nomes próprios em cada país: *constituency* no Reino Unido,

---

[1] Para mais detalhes sobre os critérios de seleção dos países utilizados neste livro, ver capítulo 4.

[2] Uso a expressão Câmara dos Deputados para designar a casa legislativa mais importante de uma democracia. Outros autores preferem Primeira Casa ou Câmara Baixa.

circonscription na França, *riding* no Canadá, *district* nos EUA, *wahlkreis* na Alemanha, seção e zona eleitoral no Brasil.[3] Para tornar comparáveis as diversas unidades eleitorais, o cientista político Douglas Rae propôs o uso do termo *distrito eleitoral*, que passou a ser largamente utilizado nos estudos eleitorais.[4] O *distrito eleitoral* é a unidade territorial onde os votos são contabilizados para efeito de distribuição das cadeiras em disputa. Nos países que utilizam a representação majoritária, os distritos são criados especificamente para propósitos eleitorais. Nos países com representação proporcional, os distritos geralmente seguem o traçado das unidades subnacionais (províncias, estados, regiões).

No Brasil, por exemplo, os estados são as unidades utilizadas para a contabilidade dos votos (distritos eleitorais) nas eleições para governador, deputado federal, deputado estadual e senador. Nas eleições presidenciais todo o país transforma-se em um único distrito eleitoral. Nas eleições municipais, o município transforma-se no distrito eleitoral para escolha de prefeitos e vereadores.

Em cada distrito eleitoral é eleito um número determinado de representantes. O número de cadeiras de cada distrito eleitoral é também chamado de *magnitude*, e é identificado pela letra M. O estado de São Paulo tem atualmente 70 representantes na Câmara dos Deputados; ou seja, a *magnitude* de São Paulo é igual a 70.

Existe uma relação entre a fórmula eleitoral e a magnitude do distrito eleitoral. Os modelos de representação majoritária são aplicados, em geral, em distritos uninominais ($M = 1$), embora possam ser utilizados em distritos plurinominais ($M > 1$).[5] Os sistemas proporcionais devem necessariamente utilizar distritos plurinominais para

---

3 Steed, 1985.

4 Rae, 1967.

5 O termo *uninominal* me pareceu o mais apropriado para designar os sistemas de $M = 1$, que aparecem na literatura internacional como *singlemember district*. Os distritos pluronominais (*multi-member districts*) são os que elegem mais de um representante ($M > 1$).

garantir um resultado minimamente proporcional, porque a fórmula proporcional utilizada em distritos uninominais acaba funcionando como uma disputa majoritária.

O número de representantes tem um impacto sobre a maior ou menor proporcionalidade quando se comparam os votos e as cadeiras de cada partido em uma eleição. A razão é simples: com mais cadeiras em disputa, um pequeno partido aumenta suas chances de obter representação. Por exemplo, um partido com 5% dos votos provavelmente não elegeria ninguém num distrito com $M = 10$, mas garantiria um representante num distrito com $M = 25$.

Como o desenho dos distritos eleitorais afeta a representação

Ainda que não sejam atributos de um sistema eleitoral, dois aspectos ligados ao desenho dos distritos eleitorais têm influência sobre a representação dos partidos no Legislativo.

O primeiro deles é a manipulação do desenho das fronteiras de um distrito com o intuito de favorecer ou prejudicar certos candidatos. Essa prática ficou conhecida na literatura internacional como *gerrymander* em alusão a um governador do estado americano de Massachusetts (Eldridge Gerry), que em 1812 criou um distrito eleitoral como formato de uma salamandra (*salamander*) para favorecê-lo. A manipulação das fronteiras dos distritos eleitorais ocorre ocasionalmente em países que utilizam a representação majoritária.

Outro aspecto que afeta a representação dos partidos é a *alocação desproporcional* das cadeiras da Câmara dos Deputados entre as regiões do país. Os legislativos nacionais são, em geral, compostos por representantes de vários distritos eleitorais. Quando o percentual de moradores (ou eleitores) de cada distrito não é similar ao percentual de representantes no Legislativo, dois tipos de distorção são produzidos. O primeiro é a violação do princípio de que todos os eleitores devem ter votos com mesmo valor. O segundo é a sub-representação dos partidos que têm voto concentrado nos distritos que perdem cadeiras e a sobre-representação dos partidos que concentram votação nos distritos que ganham cadeiras.

Este livro está dividido em quatro capítulos. O primeiro explora os sistemas eleitorais majoritários utilizados nas eleições para o Legislativo e para a presidência. O segundo capítulo analisa as duas variantes da fórmula proporcional (o voto único transferível e o sistema de lista). O terceiro discute as principais características dos cada vez mais utilizados sistemas mistos, que combinam aspectos das fórmulas majoritária e proporcional. O capítulo 4 avalia os efeitos dos sistemas eleitorais em quatro dimensões do sistema representativo: governabilidade, fragmentação partidária, desproporcionalidade e representação de mulheres. O livro apresenta ainda três anexos com informações complementares: reprodução de cédulas utilizadas em oito democracias; aplicação das diversas fórmulas eleitorais utilizadas pelo sistema proporcional de lista; discussão sobre alguns índices largamente utilizados nos estudos eleitorais.

Capítulo 1

Sistemas majoritários

Os eleitores não deveriam escolher representantes que fossem, tanto quanto possível, semelhantes a eles. Deveriam escolher governantes com a capacidade de tomar decisões.
(Maurice Duverger)

O sistema majoritário tem o propósito de assegurar apenas a representação do(s) candidato(s) mais votado(s) em uma eleição. Em geral, a fórmula majoritária é utilizada em distritos uninominais. Nesse caso, o candidato mais votado recebe 100% da representação e os outros partidos, independentemente da votação, ficam sem representação.

Uma distinção importante entre as variantes de sistemas majoritários é o estabelecimento ou não de um contingente mínimo de votos — geralmente 50% — para que um candidato seja eleito. O sistema de *maioria simples* não garante que o mais votado receberá o apoio de mais da metade dos eleitores, condição que é assegurada pelo sistema de *dois turnos* (com apenas dois candidatos disputando o segundo turno) e pelo *voto alternativo*.

A maioria simples[6]

Esse sistema é conhecido por sua simplicidade: o candidato eleito é o que recebe mais votos que seus concorrentes. A fórmula de maio-

---

6 Existe uma variedade de termos em inglês para designar este sistema: *first past the post* (FPTP), *plurality*, *relative majority*, *simple majoriry*, *single member single plurality*. Apesar de o termo pluralidade aparecer nos dicionários de língua portuguesa, optei por maioria simples, por considerá-lo mais intuitivo e de uso mais abrangente.

ria simples é utilizada para eleger os deputados do Reino Unido e de diversos outros países, a maioria dos quais ex-colônias britânicas (EUA, Canadá, Índia, Bangladesh, Malaui e Nepal).

Os países que elegem os representantes da Câmara dos Deputados pela regra da maioria simples seguem os mesmos procedimentos. O território é dividido em diversas circunscrições eleitorais (distritos), cada uma elegendo um representante. Os partidos apresentam apenas um candidato por distrito e os eleitores podem votar em um único nome. O candidato mais votado do distrito é eleito.

A maioria simples no Brasil: o voto distrital

No Brasil, o sistema de maioria simples é conhecido, nos meios jornalístico e político, como *voto distrital*. No período pós-1985 a proposta de adoção desse sistema eleitoral não teve defensores significativos no país. Durante a Constituinte de 1987/88, o projeto que defendia a introdução do sistema de maioria simples para as eleições parlamentares foi derrotado ainda na fase das subcomissões e sequer foi apreciado em plenário.

O Reino Unido utiliza o sistema de maioria simples para as eleições de representantes à Câmara dos Comuns desde a origem do Parlamento medieval em 1264. A partir de 1430, em cada condado, todos os proprietários que preenchessem os critérios estabelecidos tinham o direito de votar em dois representantes para a Câmara dos Comuns. Por essa razão, até o século XIX, a representação majoritária esteve fortemente ligada à noção de representação de comunidades, e não de partidos ou grupos de indivíduos. O distrito de um representante começou a ser utilizado no Reino Unido em 1707, passou a predominar em 1885 e somente em 1948 passou a ser utilizado com exclusividade [7]

---

[7] Norris, 1995:68.

Atualmente o Reino Unido é dividido em 659 distritos, cada um com cerca de 69 mil eleitores. Nas eleições para a Câmara dos Deputados (Câmara dos Comuns) os eleitores votam em uma cédula de papel que traz o nome, o partido (candidatos independentes podem concorrer) e o endereço de cada concorrente. A figura A-1, no anexo A, reproduz uma cédula utilizada num distrito nas eleições para a Câmara dos Comuns. Para votar, o eleitor precisa apenas assinalar um *X* ao lado do candidato preferido.

A tabela 1 apresenta os resultados das eleições de 1992 no distrito de St. Ives, em Cornwall, Sudoeste da Inglaterra. O candidato do Partido Conservador, David Harris, foi eleito com 43% dos votos, embora 57% dos eleitores não tivessem votado nele. Na disputa de uma cadeira para a Câmara dos Comuns, é significativo o número de candidatos que recebem menos de 50% dos votos: nas eleições de 1992, por exemplo, 40% dos deputados foram eleitos sem atingir a maioria absoluta dos votos; nas eleições seguintes (1997) esse número passou para 47%.[8]

Tabela 1

Resultado das eleições no distrito de St. Ives, Reino Unido, 1992

Candidato/partido	Votos	% de votos
David Harris (Conservador)	24.528	43,0
Andrew George (Liberal Democrata)	22.883	40,0
Stephen Warr (Trabalhista)	9.144	16,0
Graham Stephens (Liberal)	577	1,0

Fonte: Gallagher, Laver e Mair, 1995:276.

Uma característica do sistema de maioria simples é que a representação parlamentar de pequenos partidos e de grupos sociais minoritários depende de como os votos são distribuídos pelo territó-

8 Farrel, 2001:26.

rio. Imagine, por exemplo, dois pequenos partidos (A e B) com votações nacionais semelhantes, digamos de 10%. O partido A tem votação concentrada em um número reduzido de distritos. O partido B tem votação dispersa e homogênea por todo o território nacional. Provavelmente, o partido A será mais bem-sucedido na eleição de um candidato. A razão é simples: no sistema de maioria simples em distrito uninominal, não importa chegar em segundo ou em terceiro lugar, mesmo que seja com votação significativa. O único resultado eficiente é ser o mais votado do distrito.

As eleições de 1993 para a Câmara dos Deputados do Canadá demonstram como o padrão de votação pode afetar a representação dos partidos no sistema de maioria simples. O Partido Conservador, com votação dispersa pelo país, obteve 16% dos votos, mas elegeu apenas dois deputados, enquanto o Bloco de Quebec, com votação concentrada em uma região, recebeu 18% dos votos e elegeu 54 deputados, e o Partido da Nova Democracia, com apenas 7% dos votos, elegeu nove deputados.[9]

O sistema de maioria simples é criticado por freqüentemente produzir intensas distorções quando se compara a votação com a representação dos partidos. No exemplo com os resultados de um único distrito (St. Ives) vimos que a cadeira disputada foi vencida pelo Partido Conservador com 43% dos votos. Os votos dados pelos outros 57% dos eleitores do distrito acabaram perdidos, ou seja, não foram computados para a distribuição das cadeiras. A reprodução de padrões de votação como este em outros distritos pode gerar intensas distorções no âmbito nacional.

O Partido Liberal do Reino Unido tem sido freqüentemente prejudicado, pois o percentual de cadeiras que recebe é sempre inferior ao seu percentual de votos. O partido foi sub-representado em todas as eleições para a Câmara dos Comuns no pós-1945: com uma

---

9 Norris, 2004:44.

média de 12,4% dos votos, obteve uma média de 1,9% das cadeiras. A diferença mais acentuada ocorreu em 1983, quando recebeu 25,4% dos votos e elegeu apenas 3,5% dos representantes.[10] A principal razão para a sub-representação do Partido Liberal é o seu padrão de votação. Ao contrário dos trabalhistas, dos conservadores e dos partidos regionais, que têm bases eleitorais definidas em termos territoriais, os liberais têm uma votação dispersa. Embora o partido receba votação significativa no país como um todo, tem poucos redutos e acaba vencendo em poucos distritos.

Um dos principais argumentos em defesa dos sistemas majoritários é que eles permitem aos eleitores maior controle da atividade dos representantes. Na realidade, esse atributo decorre não da fórmula eleitoral, mas da adoção de distritos uninominais. A eleição de um único nome por área geográfica (distrito eleitoral) permite que os eleitores tenham mais facilidade para identificar seu representante no Legislativo, acompanhar o desempenho de seu mandato e entrar em contato com esse deputado.

Os defensores dos sistemas de maioria simples enfatizam uma dimensão específica da representação: a territorial. A idéia é que, por serem os deputados os representantes exclusivos de determinadas áreas no Legislativo, eles teriam incentivos para defender os interesses dessa área. No Reino Unido, matriz da tradição da representação territorial, a inexistência de exigência de domicílio eleitoral acaba enfraquecendo a relação entre deputados e eleitores de um determinado distrito. Como os deputados não são obrigados a viver nas suas circunscrições eleitorais, os partidos transformam alguns dos seus redutos eleitorais em "distritos seguros", onde garantem a eleição de importantes dirigentes nacionais.[11]

O principal argumento em defesa do sistema de maioria simples é sua capacidade de criar governos em que apenas um partido

---

[10] Farrel, 2001:27.

[11] Crewe, 1985.

controla a maioria absoluta de cadeiras da Câmara dos Deputados. Os cientistas políticos André Blais e Richard Carty analisaram o resultado de 510 eleições de 20 democracias tradicionais: no sistema de maioria simples um partido obteve maioria absoluta das cadeiras em 72% das eleições; no proporcional, em apenas 10%.[12]

Além de sub-representar os partidos com votações reduzidas, o sistema de maioria simples geralmente tende a sobre-representar os maiores partidos, particularmente o mais votado. Em muitas eleições, um partido conquista mais de 50% das cadeiras mesmo sem ter recebido a maioria absoluta dos votos (maioria manufaturada).[13] Nos sistemas de maioria simples, um partido obtém mais de 50% das cadeiras no Legislativo por um dos dois caminhos: 63% por meio de maiorias manufaturadas e 37% por intermédio de maiorias naturais.[14]

Quais seriam as vantagens de um governo unipartidário com maioria absoluta de cadeiras no Legislativo? Nos países parlamentaristas com representação majoritária o controle dos eleitores sobre a natureza do governo a ser formado é maior, pois o voto no partido vitorioso significa provavelmente o voto no governo desse partido. Por exemplo, um eleitor que tivesse votado no Partido Trabalhista nas eleições britânicas de 2001 saberia que os trabalhistas teriam alta probabilidade de formar um governo sem a necessidade de alianças parlamentares. Com isso, para o eleitor seria mais fácil acompanhar as políticas implementadas pelo governo ao longo do mandato, bem como utilizar seu voto para recompensar e punir esse governo em termos partidários. Nos países parlamentaristas com representação proporcional o gabinete típico é o de coalizão. Nesse caso, o eleitor que vota em um determinado partido terá menos controle das negociações que serão feitas entre os partidos para a formação do gabinete após as eleições. Nos governos de coalizão o eleitor teria mais dificul-

---

[12] Blais e Carty, 1988:551.

[13] Rae, 1967:74.

[14] Blais e Carty, 1988:552.

dade para responsabilizar um determinado partido pelo sucesso ou fracasso das políticas implementadas.

O sistema majoritário em distritos plurinominais

Existem variantes da fórmula majoritária que podem ser utilizadas em distritos plurinominais ($M > 1$): o *voto em bloco individual*, o *voto em bloco partidário* e o *voto único não-transferível*. Atualmente, nenhuma Câmara dos Deputados de países democráticos é eleita por um desses métodos.

No *voto em bloco individual* cada partido pode apresentar o mesmo número de candidatos que o de cadeiras em disputa. O eleitor pode votar em tantos nomes quantas forem as cadeiras do distrito, com a possibilidade de votar em candidatos de diferentes partidos. Os nomes mais votados são eleitos. As eleições para o Senado do Brasil, quando são renovados 2/3 das cadeiras, utilizam esse sistema.

A segunda variação do sistema de maioria simples, também utilizada em distritos eleitorais de mais de um representante, é o *voto em bloco partidário*. Os partidos apresentam uma lista de candidatos, conforme o número de cadeiras do distrito. O eleitor dá um único voto para uma das listas. O partido mais votado elege todos os representantes do distrito. Esse sistema é utilizado na escolha dos delegados ao colégio eleitoral que elege o presidente dos EUA.

Outra possibilidade de aplicação da regra majoritária em distritos de mais de um representante é o sistema de *voto único não-transferível*.[15] Cada partido pode apresentar até o mesmo número de candidatos que o de cadeiras do distrito eleitoral, mas o eleitor pode votar somente em um

continua

[15] Alguns autores classificam o sistema de voto único *não-transferível* como semiproporcional, por aumentar a probabilidade de representação de pequenos partidos (por exemplo, Lijphart, 1994; e Sartori, 1994). Seguindo o parâmetro definido na introdução, classifico os sistemas eleitorais por sua natureza, e não por seus efeitos, por isso considero o sistema de voto único não-transferível uma variante da representação majoritária.

nome; os mais votados individualmente são eleitos. Nesse sistema, o desempenho dos partidos depende em larga medida do número de candidatos apresentados e do padrão de dispersão dos votos entre eles. Um partido pode apresentar muitos candidatos e correr o risco de não eleger nenhum, caso a dispersão dos votos entre eles seja muito grande. Como o sistema não permite a transferência de votos de um candidato para outro, em certas situações um partido pode perder votos; isso ocorre quando um partido apresenta um número reduzido de candidatos e estes recebem votações muito superiores à necessária. O sistema de voto único não-transferível foi utilizado no Japão entre 1946 e 1992.

O sistema de dois turnos

Os sistemas de *dois turnos*, quando utilizados nas eleições para a Câmara dos Deputados, guardam características semelhantes com o sistema de *maioria simples*: o país é dividido em distritos eleitorais uninominais; cada partido pode apresentar um candidato por distrito; os eleitores podem votar em um único candidato. A principal diferença é a exigência de que um dos concorrentes obtenha a maioria absoluta (mais de 50%) dos votos. Caso isso não ocorra, os candidatos mais votados disputam uma nova eleição. O sistema de dois turnos é geralmente empregado nas eleições para o Executivo (ver "Os sistemas majoritários nas eleições presidenciais", mais adiante neste capítulo), mas a França e o Mali utilizam-no nas eleições parlamentares.

A França é dividida em 555 distritos eleitorais uninominais (cada um com cerca de 70 mil eleitores). Um partido apresenta um candidato por distrito e o candidato que recebe a maioria absoluta dos votos está eleito. Quando isso não acontece, uma nova eleição (segundo turno) é realizada uma semana depois. No segundo turno, podem concorrer todos os candidatos que receberam mais de 12,5% do total de votos dos eleitores inscritos.

É interessante observar que, como existe a possibilidade de mais de dois candidatos disputarem o segundo turno, um deputado pode se eleger com menos de 50% dos votos. Entretanto, é reduzido o número de distritos no qual mais de dois candidatos disputam o segundo turno. Nas eleições de 1993, por exemplo, em apenas 15 distritos (3% do total) houve uma disputa entre três candidatos.[16]

Uma característica singular das eleições francesas é a ausência de cédula eleitoral oficial. O eleitor recebe uma cédula — que deve conter o nome e a filiação do candidato, mas pode ter outras informações, como *slogans* de campanha e informações sobre o candidato — do partido de sua predileção e a deposita na cabine oficial (figura A-2, no anexo A).

Assim como os defensores do sistema de maioria simples, os adeptos do sistema de dois turnos enfatizam as virtudes dos distritos uninominais: garantia de representação de comunidades no Parlamento e maior capacidade de controle da atividade do representante. Mas eles acreditam que o sistema de dois turnos tenha outras vantagens.

A primeira é garantir que os candidatos serão eleitos com votações expressivas. Como vimos, no sistema de maioria simples é possível que um candidato, mesmo tendo recebido uma votação reduzida, seja eleito em um distrito. O sistema de dois turnos assegura que o eleito tenha mais de 50% dos votos (quando apenas dois candidatos disputam o segundo turno), ou votação expressiva (quando mais de dois candidatos concorrem no segundo turno).

A segunda vantagem é a tendência a favorecer os partidos mais moderados, em detrimento dos partidos que se posicionam nos extremos do espectro político; um partido extremista tem mais dificuldade de fazer alianças entre o primeiro e o segundo turnos para obter apoio dos partidos mais moderados. Nas eleições para a Câmara dos Deputados (Assemblé Nationale) dois partidos têm sido freqüente-

---

[16] Goldey, 1993.

mente sub-representados: o Partido Comunista Francês (esquerda) e a Frente Nacional (extrema direita). Nas eleições de 1993, por exemplo, os comunistas receberam 10% dos votos e ficaram com 6% das cadeiras, enquanto a Frente Nacional, apesar de ter obtido 13% dos votos, não elegeu nenhum deputado.[17]

A vitória obtida por maioria absoluta no distrito não garante que no âmbito nacional um partido obterá mais de 50% da representação parlamentar. Nas nove eleições com o sistema de dois turnos, realizadas entre 1962 e 1997, em apenas duas um único partido assegurou maioria absoluta das cadeiras da Assemblé Nationale.[18] Nas duas eleições em que um partido obteve mais de 50% de cadeiras, ele o fez por intermédio de maiorias manufaturadas: em 1968, os gaullistas (atual RPR) receberam 38% dos votos e 60% das cadeiras; em 1981, o Partido Socialista, com 37% dos votos, ficou com 57% das cadeiras.[19]

O voto alternativo

Uma outra versão de sistema majoritário é o *voto alternativo*, utilizado nas eleições para a Câmara dos Deputados (House of Representatives) da Austrália, desde 1918. O voto alternativo garante que todos os eleitos receberão maioria absoluta dos votos sem necessidade de realizar uma nova eleição. O segredo é a utilização de um método de transferência de votos dos candidatos menos votados para outros.

A Austrália é dividida em 148 distritos eleitorais uninominais (cada um deles com cerca de 79 mil eleitores). Cada partido apre-

---

[17] Farrel, 1997:51.

[18] A eleição de 1986 não foi levada em consideração, pois utilizou o sistema proporcional.

[19] Mackie e Rose, 1991.

senta um candidato por distrito. Mas no lugar de dar um único voto para um determinado candidato, o eleitor tem que ordenar os candidatos; ao lado de cada nome é colocado um número de acordo com a preferência do eleitor: 1, 2, 3, 4 (figura A-3 no anexo A). O voto só é considerado válido se o eleitor ordenar todos os candidatos.

O candidato que recebe mais de 50% dos votos em primeira preferência é eleito. Nas situações em que isso não ocorre há um sistema de transferência das cédulas do candidato menos votado, que é eliminado, para os outros. Se após esta transferência um candidato obtiver maioria absoluta ele estará eleito. Se não, uma nova rodada será realizada, novamente transferindo as cédulas do candidato menos votado para os outros. O processo é interrompido quando um dos nomes atinge a maioria absoluta.

A tabela 2 apresenta o processo de transferência em um distrito eleitoral (Hinkler) da Austrália, nas eleições para a Câmara dos Deputados em 1998. Como nenhum candidato recebeu mais de 50% das primeiras preferências, a candidata com menos votos (Cindy Rolls) foi eliminada e os 309 votos (cédulas) que ela recebeu foram para os outros. Como após a primeira distribuição nenhum dos candidatos recebeu maioria absoluta, foi necessário realizar mais uma rodada de transferência; o candidato Ray Pearce foi eliminado e os seus 1.187 votos (cédulas) foram transferidos para os outros. Observe que nessa fase o candidato transfere também as cédulas que ele recebeu na primeira rodada: nesta situação, o que conta são as preferências seguintes assinaladas na cédula. O processo foi repetido mais duas vezes para transferir os 2.235 votos de Lance Hall e os 14.410 de Marcus Ringuet. Ao final, Paul Neville foi eleito com 36.423 votos. É interessante observar que o candidato eleito não recebeu a maioria das primeiras preferências e só passou para a primeira posição quando o candidato Marcus Ringuet foi eliminado.

Tabela 2

Resultado de uma eleição com o sistema de voto alternativo: distrito de Hinkler (Queensland), eleições para a Câmara dos Deputados, 1998

Candidato	1ª contagem	Transferência	2ª contagem	Transferência	3ª contagem	Transferência	4ª contagem	Transferência	5ª contagem	Resultado final
Paul Neville (Partido Nacional)	26.471	+45	26.516	+223	26.739	+807	27.546	+8.877	36.423	Eleito
Cheryl Dorron (Partido Trabalhista)	29.021	+39	29.060	+353	29.413	+987	30.400	+5.533	35.933	
Ray Pearce (Partido Verde)	1.139	+48	1.187	Eliminado						
Marcus Ringuet (Nação Única de Hanson)	13.739	+61	13.800	+169	13.969	+441	14.410	Eliminado		
Lance Hall (Partido Democrata Australiano)	1.677	+116	1.793	+442	2.235	Eliminado				
Cindy Rolls (Conselho Eleitoral dos Cidadãos)	309	Eliminada								

Fonte: Farrel, 2001:58.

O processo de transferência do sistema de voto alternativo dificulta a eleição de candidatos com forte rejeição, mesmo que estes recebam uma boa votação em primeira preferência. Por isso, os partidos colocados no extremo do espectro partidário têm chances muito mais reduzidas de eleger seus representantes.

O sistema de voto alternativo adotado na Austrália garante que o candidato eleito no distrito tenha alta representatividade, mas não elimina as distorções entre a votação e a representação dos partidos na Câmara dos Deputados. Nas eleições de 1996, por exemplo, os dois maiores partidos receberam votações similares, mas ficaram com um número de cadeiras muito diferente: o Partido Trabalhista recebeu 39% dos votos em primeira preferência e ficou com 33% das cadeiras, enquanto o Partido Liberal, com 39% dos votos, obteve 51% das cadeiras.[20]

Os sistemas majoritários nas eleições presidenciais

A fórmula majoritária é utilizada para a eleição de presidentes de diversos países. Israel é o único país que elege o primeiro-ministro por eleição popular.[21] O quadro 1 apresenta o sistema eleitoral utilizado para a eleição presidencial em 31 países. Nos EUA, o presidente não é eleito diretamente, mas sim por um colégio eleitoral. Na Bolívia, a Câmara dos Deputados escolhe entre um dos dois candidatos mais votados nas eleições populares. Mas em todos os outros países o presidente é escolhido exclusivamente pelo voto popular. O sistema mais utilizado é o de dois turnos, que estabelece um patamar mínimo de votos para a vitória no primeiro turno; caso nenhum candidato atinja esse patamar, uma nova eleição é realizada com apenas os dois mais votados no primeiro turno.

---

20 Mackerras e McAllister, 1997.

21 Israel elegeu diretamente o primeiro-ministro pela primeira vez nas eleições de 1996. O sistema adotado é de dois turnos: se nenhum candidato receber maioria absoluta dos votos na eleição, será realizado um novo pleito com os dois candidatos mais votados. Sobre o sistema de Israel, ver Asher (1996).

Quadro 1

Sistemas eleitorais para eleições presidenciais

País	Sistema eleitoral	Regras para não haver a disputa do segundo turno entre os dois candidatos mais votados
Argentina	Dois turnos	Um candidato receber mais de 45%, ou pelo menos 40%, com 10 pontos percentuais a mais do que o segundo
Áustria	Dois turnos	Um candidato receber mais de 50%
Benin	Dois turnos	Um candidato receber mais de 50%
Bolívia	Dois turnos	
Brasil	Dois turnos	Um candidato receber mais de 50%
Bulgária	Dois turnos	Um candidato receber mais de 50%
Chile	Dois turnos	Um candidato receber mais de 50%
Coréia do Sul	Maioria simples	
Costa Rica	Dois turnos	Um candidato receber mais de 40%
El Salvador	Dois turnos	Um candidato receber mais de 50%
Eslováquia	Dois turnos	Um candidato receber mais de 50%
EUA	Os eleitores elegem delegados que elegem o presidente	
Filipinas	Maioria simples	
Finlândia	Dois turnos	Um candidato receber mais de 50%
França	Dois turnos	Um candidato receber mais de 50%
Honduras	Maioria simples	
Irlanda	Voto alternativo	
Madagascar	Dois turnos	Um candidato receber mais de 50%
Mali	Dois turnos	Um candidato receber mais de 50%
México	Maioria simples	
Moçambique	Dois turnos	Um candidato receber mais de 50%
Nicarágua	Dois turnos	Um candidato receber mais de 35%, ou pelo menos 35%, com 5 pontos percentuais a mais do que o segundo

continua

País	Sistema eleitoral	Regras para não haver a disputa do segundo turno entre os dois candidatos mais votados
Polônia	Dois turnos	Um candidato receber mais de 50%
Portugal	Dois turnos	Um candidato receber mais de 50%
República Dominicana	Dois turnos	Um candidato receber mais de 50%
Romênia	Dois turnos	Um candidato receber mais de 50%
Rússia	Dois turnos	Um candidato receber mais de 50%
Taiwan	Maioria simples	
Ucrânia	Dois turnos	Um candidato receber mais de 50%
Uruguai	Dois turnos	Um candidato receber mais de 50%
Venezuela	Maioria simples	

Fonte: Blais e Massicote, 2002.

Os EUA elegem o presidente por intermédio de um colégio eleitoral, e não diretamente, como outros países. Atualmente, o colégio eleitoral é composto de 538 representantes (delegados).[22] O número de delegados de cada estado no colégio é o mesmo que a soma de seus senadores e representantes na Câmara dos Deputados.[23] Em cada estado, os partidos selecionam uma lista de nomes que serão os representantes nas eleições do colégio eleitoral.

Com exceção dos estados do Maine e do Nebraska,[24] o sistema eleitoral utilizado em cada estado é o *voto em bloco partidário*: o candidato à presidência mais votado elege a lista dos delegados de seu partido no estado. A Califórnia, por exemplo, tem 54

22 Sobre o colégio eleitoral dos EUA, ver Edwards III, Wattemberg e Lineberry, (2000:326-327).

23 O Distrito de Colúmbia tem três delegados no colégio eleitoral.

24 No Maine e no Nebraska, o candidato a presidente mais votado em cada distrito eleitoral elege um delegado. O candidato mais votado no estado elege dois delegados.

delegados no colégio eleitoral, e o candidato mais votado lá elege os 54 nomes de seu partido. Observe que não importa o percentual de votos: o candidato vitorioso elege todos os representantes. Os delegados não são obrigados a votar no candidato do partido, mas são raros os casos em que isso não acontece. Os delegados encontram-se nos seus estados no mês de dezembro do ano da eleição e enviam seus votos para o vice-presidente (que é também presidente do Senado). Os votos são contados em janeiro do ano seguinte na abertura dos trabalhos do Congresso. Caso nenhum dos candidatos obtenha maioria absoluta dos votos dos delegados, a Câmara dos Deputados tem a liberdade de escolher entre os três nomes mais votados nas eleições.

O sistema de escolha do presidente dos EUA dá peso demasiado aos grandes estados (Califórnia, Texas, Nova York, Michigan, Pensilvânia, Flórida, Illinois e Ohio) na campanha. Como a regra estabelece que o candidato mais votado conquista todos os delegados, há maior incentivo para concentrar os recursos eleitorais (veiculação de programas na TV, visitas) nesses estados, sobretudo quando a eleição está muito disputada.

Outro aspecto importante do sistema do colégio eleitoral norte-americano é que o candidato eleito pode não ter maioria nas urnas. Isso aconteceu quatro vezes na história dos EUA, a última em 2000: George W. Bush obteve cinco cadeiras a mais do que Al Gore (271 a 266), embora tenha perdido as eleições populares por cerca de 500 mil votos.[25]

O sistema de maioria simples é utilizado nas eleições presidenciais do México, Filipinas, Venezuela, Coréia do Sul, Honduras e Taiwan. A mesma crítica feita ao sistema de maioria simples utilizado nas eleições para a Câmara dos Deputados — a possibilida-

---

[25] Norris, 2004:61.

de de um candidato ser eleito com um percentual reduzido de votos — também se aplica ao caso das eleições presidenciais. Nas eleições para presidente da Venezuela em 1993, por exemplo, o candidato Rafael Caldera foi eleito com 31% dos votos, mas seus adversários obtiveram votações muito próximas às dele: 24%, 24% e 21%.[26]

O sistema de *dois turnos* é o mais utilizado nas eleições presidenciais: Áustria, Benin, Brasil, Bulgária, Chile, República Dominicana, El Salvador, França, Finlândia, Madagascar, Mali, Moçambique, Polônia, Portugal, Romênia, Rússia, Eslováquia, Ucrânia e Uruguai. Em todos esses países a regra é a mesma: os partidos apresentam um candidato nas eleições presidenciais; caso um deles receba maioria absoluta dos votos, é eleito; do contrário, um segundo turno é realizado com apenas os dois candidatos mais votados. Na Bolívia, um candidato também precisa receber mais de 50% dos votos para vencer no primeiro turno, mas a disputa do segundo turno é feita de forma indireta: a Câmara dos Deputados escolhe um entre os dois mais votados. A vantagem do sistema de dois turnos, quando apenas dois candidatos participam do segundo turno, é que o presidente é sempre eleito com o apoio de mais da metade dos eleitores que foram às urnas.

A Argentina, a Nicarágua e a Bolívia adotam variantes particulares do sistema de dois turnos. Na Argentina, para um candidato se eleger no primeiro turno ele tem de satisfazer uma das seguintes condições: receber pelo menos 45% dos votos, ou receber pelo menos 40% dos votos, com uma distância de pelo menos 10 pontos percentuais em relação ao segundo colocado. Na Nicarágua, um candidato é vitorioso no primeiro turno se obtiver pelo menos 35% dos votos, com mais de cinco pontos percentuais em relação ao segundo colocado.

[26] Landmann, 1995.

As eleições presidenciais no Brasil

No Brasil, entre 1945 e 1965, os chefes do Executivo (presidente, governadores e prefeitos) eram escolhidos pelo sistema de maioria simples. Os presidentes eleitos nesse período receberam as seguintes votações (em percentual dos votos válidos): Eurico Gaspar Dutra, 55%; Getúlio Vargas, 49%; Juscelino Kubitschek, 36%; Jânio Quadros, 48%.

A Constituição de 1988 optou por duas regras eleitorais diferentes. O presidente, os governadores e os prefeitos de cidades com mais de 200 mil eleitores são eleitos pelo sistema de dois turnos; para não haver segundo turno, um candidato tem de receber mais de 50% dos votos no primeiro turno. Os prefeitos de cidades com menos de 200 mil eleitores são eleitos por maioria simples.

Nas eleições presidenciais de 1989, Fernando Collor de Mello obteve 31% dos votos no primeiro turno e 53% no segundo. Nas eleições de 1994 e de 1998 não houve necessidade de um segundo turno, pois Fernando Henrique Cardoso recebeu, respectivamente, 54% e 53% dos votos. Em 2002, Luiz Inácio Lula da Silva recebeu 46% dos votos no primeiro turno e 61% no segundo.

No sistema de dois turnos, ocasionalmente um candidato que tenha chegado em segundo lugar no primeiro turno acaba vencendo no segundo. Nas eleições para presidente de Portugal em 1986, por exemplo, o candidato Diogo Freitas do Amaral foi o mais votado no primeiro turno, com 46% dos votos, e o segundo colocado, Mário Soares, obteve 25%. No segundo turno, Mário Soares foi eleito com 51% dos votos.[27] Um fator decisivo na disputa em dois turnos é a posição ideológica e o grau de rejeição dos candidatos que passaram para o segundo turno: candidatos de partidos que ocupam os extremos do espectro partidário e que têm alto índice de

[27] Mackie e Rose, 1991:376.

rejeição encontram mais dificuldades quando participam da disputa do segundo turno.

O padrão de coalizão dos partidos em uma eleição presidencial é também influenciado pelo sistema eleitoral adotado. Na fórmula de maioria simples, os partidos tendem a fazer alianças antes das eleições; com isso, muitos partidos pequenos não chegam sequer a apresentar um candidato. Na fórmula de dois turnos, os pequenos partidos têm mais incentivos para apresentar seus candidatos, pois podem fazer alianças com os maiores no segundo turno. A expectativa é que as eleições sejam disputadas entre um número maior de candidatos no sistema de dois turnos do que no de maioria simples.

Capítulo 2

A representação proporcional

Não vejo por que os sentimentos e os interesses que organizam os homens segundo localidades seriam os únicos que se julgassem dignos de representação, ou por que indivíduos que têm outros sentimentos e interesses a que emprestam mais valor do que aos geográficos, a esses se limitassem como princípio único de classificação política.
(John Stuart Mill)

A fórmula proporcional tem duas preocupações fundamentais: assegurar que a diversidade de opiniões de uma sociedade esteja refletida no Legislativo e garantir uma correspondência entre os votos recebidos pelos partidos e sua representação. A principal virtude da representação proporcional, segundo seus defensores, estaria em sua capacidade de espelhar no Legislativo todas as preferências e opiniões relevantes existentes na sociedade. O inspirador dessa concepção foi o líder político francês Mirabeau, que, durante a Constituinte de Provença, em 1789, defendeu que a função do Parlamento era refletir o mais fielmente possível as feições do eleitorado, tal como um mapa reproduz em miniatura os diferentes traços geográficos de um território.[28]

Os sistemas proporcionais procuram garantir uma eqüidade matemática entre os votos e as cadeiras dos partidos que disputaram uma eleição. Por exemplo, um partido que recebesse 15% dos votos ficaria com um percentual de representação próximo a 15%. Este é

---

28 Carstairs, 1980.

um dos argumentos tradicionalmente mobilizados pelos defensores da representação proporcional, embora, na prática, a maior ou menor correspondência (proporcionalidade) entre votos e cadeiras dependa de uma série de fatores. Atualmente, a representação proporcional é largamente utilizada na Europa (Áustria, Bélgica, Bulgária, Dinamarca, Irlanda, Espanha, Finlândia, Grécia, Noruega, Polônia, Portugal, República Tcheca, Romênia, Suíça, Suécia e Turquia), na América Latina (Argentina, Brasil, Chile, Costa Rica, El Salvador, Honduras, Nicarágua e Uruguai) e em alguns países da África (África do Sul, Benin e Moçambique).

Existem duas variantes de representação proporcional: o *voto único transferível* e o *sistema de lista*. O *voto único transferível* tem como propósito garantir que as opiniões relevantes da sociedade (abrigadas ou não nos partidos) estejam no Parlamento. O *sistema de lista* procura distribuir as cadeiras do Parlamento utilizando os partidos como unidade fundamental. No primeiro caso é calculada uma quota de votos que cada candidato deve atingir para ser representado. No segundo, é calculada uma quota que cada partido deve atingir.

O voto único transferível

O jurista Thomas Hare publicou, em 1859, o livro *Tratado sobre eleição de representantes, parlamentar e municipal*, que teve grande impacto sobre o debate político de meados do século XIX. Nessa obra foi apresentada uma das primeiras propostas sistemáticas para o funcionamento da representação proporcional, ou personalizada, como preferia Hare.[29] Para ele, o propósito fundamental de um sistema eleitoral era assegurar a representação das opiniões individuais, e não das comunidades ou partidos políticos. Por isso, os eleitores deveriam ter a mais ampla possibilidade de escolha não só de partidos,

---

29 O dinamarquês Carl Andrae propôs em 1855 uma fórmula eleitoral proporcional semelhante, mas que não teve tanto impacto no debate político europeu.

mas, sobretudo, de seus representantes individuais. Hare achava inconcebível que as opiniões dispersas pelo país não estivessem representadas no Parlamento somente porque não estavam confinadas a uma área geográfica.

O modelo de representação proposto por Hare recebeu o apoio entusiástico de John Stuart Mill. Em *O governo representativo*, obra de 1861, Mill defendeu a introdução do sistema eleitoral proposto por Hare como forma de viabilizar o governo representativo moderno. Mill criticava o sistema eleitoral majoritário em vigor na Inglaterra, por limitar a representação política apenas à representação das comunidades e não permitir que os políticos de talento chegassem ao Parlamento. Ele acreditava que o sistema proposto por Hare poderia elevar a qualidade dos parlamentares britânicos:

> Atualmente, conforme todo mundo admite, está se tornando cada vez mais difícil a qualquer um que só possui talento e caráter conseguir entrar para a Casa dos Comuns. Os únicos indivíduos que conseguem se eleger são os que possuem influência local, que abrem caminho por meio das despesas exageradas ou que, a convite de três ou quatro negociantes ou advogados, são enviados por um ou dois grandes partidos dos clubes de Londres como homens cujos votos o partido pode contar em todas as circunstâncias. Pelo sistema do sr. Hare, os que não gostassem dos candidatos locais, ou que não conseguissem eleger o candidato local de sua preferência, teriam a faculdade de encher a cédula com uma escolha de todas as pessoas de reputação nacional, constantes da lista de candidatos, com cujos princípios políticos simpatizassem.[30]

O sistema eleitoral proposto por Hare foi o embrião do que mais tarde seria conhecido como o *voto único transferível*, embora na

30 Mill, 1983:96.

versão original as eleições devessem ser realizadas em um único distrito nacional, e não em pequenos distritos.

O *voto único transferível* é utilizado nas eleições para a Câmara Baixa da Irlanda desde 1921. O país é dividido em 41 distritos eleitorais (com uma média de 67 mil eleitores por distrito), cada um deles elegendo três, quatro ou cinco representantes. Um partido pode apresentar um número de candidatos igual à magnitude do distrito. Por exemplo, em um distrito com três representantes na Câmara dos Deputados, o partido pode apresentar até três candidatos. À maneira do voto alternativo, os eleitores podem ordenar suas preferências na cédula, assinalando o número 1 ao lado do nome de sua primeira preferência, 2 ao lado da segunda, e assim sucessivamente, independentemente do partido de cada candidato (figura A-4, no anexo A).

O processo de apuração do sistema de voto único transferível é bastante complexo. O primeiro passo é calcular uma quota (votos/cadeiras + 1) em cada distrito.[31] O candidato cujos votos em primeira preferência atinjam ou ultrapassem a quota é declarado eleito. Salvo se todas as cadeiras do distrito tiverem sido preenchidas dessa maneira, o processo de transferência das cédulas é acionado.

Inicialmente, os votos em excesso (acima da quota) do(s) candidato(s) eleito(s) são transferidos. Vejamos como se daria o processo de transferência em uma eleição hipotética com quatro candidatos (A, B, C e D) e quota igual a 12. O candidato A, com 18 votos, seria eleito e os seis votos recebidos acima da quota seriam transferidos. Digamos que as segundas preferências dos eleitores de A se distribuíssem da seguinte maneira: nove votos para o candidato B, seis para C e três para D. Como os votos são alocados proporcionalmente, os seis votos seriam distribuídos assim: três para B, dois para C e um para D. A dúvida é: quais cédulas seriam transferidas? Na Irlanda,

[31] Na Irlanda é utilizada a *quota Droop* (ver anexo B).

as que estão na parte superior da pilha são retiradas e transferidas para as pilhas dos outros candidatos.

Quando não há votos em excesso, ou estes não são suficientes para que outros candidatos atinjam a quota, outro processo de transferência é utilizado: o nome com menor número de primeiras preferências é eliminado e seus votos são transferidos para outros candidatos – esse processo é semelhante ao utilizado na apuração do voto alternativo (ver capítulo 1). Os dois processos de transferência (dos votos em excesso dos candidatos eleitos e de eliminação do candidato menos votado) são utilizados sucessivamente até que todas as cadeiras do distrito sejam preenchidas.

O voto único transferível permite um grau de escolha não encontrado em qualquer outra variante de sistema eleitoral. Os eleitores podem votar em candidatos de diferentes partidos e ainda ordená-los de acordo com sua predileção. Outra vantagem do voto único transferível, quando comparado com o sistema proporcional de lista aberta, é que o eleitor tem controle sobre a natureza da transferência de seu voto: na lista aberta um voto pode ajudar a eleger um candidato para o qual não se tem simpatia; no *voto único transferível* a transferência dos votos é feita exclusivamente para os nomes especificados pelo eleitor.

A inexistência de uma agregação de votos dos candidatos de um mesmo partido e a ausência de uma quota para distribuir as cadeiras entre os partidos revelam que o propósito fundamental do *voto único transferível* não é garantir uma proximidade aritmética entre os votos e as cadeiras dos partidos. O propósito desta versão de representação proporcional é assegurar que as opiniões relevantes da sociedade estejam retratadas no Congresso. Segundo os defensores do voto único transferível, o eleitor teria a opção de priorizar uma série de escolhas que em muitos casos "atravessam" os partidos: determinadas questões (ecologia, direitos humanos, combate à violência, por exemplo); prioridade a candidatos da mesma área e a representantes de segmentos sociais específicos (mulheres, jovens, grupos étnicos, por exemplo).

A representação proporcional de lista

Até os anos 70 do século XIX, as principais críticas às diversas versões de sistema eleitoral majoritário em funcionamento nos países europeus derivavam dos argumentos apresentados nas obras de Thomas Hare e John Stuart Mill. Na década seguinte, o belga Victor D'Hondt propôs uma nova forma de levar a efeito a representação proporcional, baseada no princípio de que a função primordial de um sistema eleitoral é permitir a representação das opiniões da sociedade expressas pelos partidos políticos. Na sua proposta, cada partido apresentaria uma lista de candidatos para as eleições, e a distribuição das cadeiras em disputa seria feita de acordo com os votos dados em cada lista partidária.

A conferência internacional sobre reforma eleitoral, realizada na Bélgica em 1885, na qual estiveram presentes delegados de diversos países da Europa, adotou o sistema apresentado por D'Hondt como modelo de representação proporcional. As resoluções da conferência foram:

> A Conferência Internacional sobre Representação Proporcional, convocada pela Associação Reformista Belga e reunida em Antuérpia nos dias 7, 8 e 9 de agosto de 1885, resolve:
>
> 1. que o sistema de eleições por maioria absoluta viola a liberdade do eleitor, provoca fraude e corrupção, e pode dar uma maioria de cadeiras para uma minoria do eleitorado;
>
> 2. que a representação proporcional é o único meio de assegurar poder para uma real maioria do país, e uma voz efetiva para as minorias, e exata representação para todos os grupos significativos do eleitorado;
>
> 3. que, embora as necessidades particulares de cada país sejam reconhecidas, o sistema D'Hondt de lista com divisor,

adotado pela associação belga, é um avanço considerável em relação aos sistemas propostos anteriormente e constitui um meio eficiente e prático de atingir a representação proporcional.[32]

A Bélgica foi o primeiro país a adotar a representação proporcional de lista nas eleições para a Câmara dos Deputados, em 1899. Nas duas primeiras décadas do século XX, outros países europeus também o fizeram: Finlândia (1906), Suécia (1907), Holanda (1917), Suíça (1919), Itália (1919), Alemanha (1919), Noruega (1919), Dinamarca (1920) e Áustria (1920). As razões foram as mais variadas. Na Bélgica e na Suíça, a segmentação étnica e religiosa foi um forte estímulo para a adoção da representação proporcional. Em alguns países, como a Dinamarca e a Suécia, ela foi defendida pelos partidos conservadores, que temiam ser prejudicados pela adoção do sufrágio universal. Em outros, como a Alemanha e a Itália, ela foi patrocinada pelos partidos socialistas, que eram os grandes prejudicados pela mecânica do sistema majoritário de dois turnos, pois no segundo turno as forças anti-socialistas recorrentemente se uniam contra eles.[33]

O mecanismo para a distribuição de cadeiras do sistema proporcional de lista é aparentemente bem simples: cada partido (ou coligação) apresenta uma lista de candidatos; os votos de cada lista partidária são contados; as cadeiras são distribuídas entre os partidos proporcionalmente à votação obtida pelas listas; as cadeiras são ocupadas por alguns dos nomes que compõem a lista. Na prática, porém, cinco aspectos afetam a representação proporcional de lista e tornam seu funcionamento um pouco mais complexo:

- a fórmula eleitoral utilizada para distribuir as cadeiras;
- a magnitude dos distritos e a existência de mais de um nível para a alocação das cadeiras;

---

32 Carstairs, 1980:3.

33 Sobre a adoção da representação proporcional na Europa, ver Carstairs (1980).

- a cláusula de exclusão;
- a possibilidade de os partidos fazerem coligações eleitorais;
- as regras para a escolha dos candidatos da lista.

A fórmula eleitoral

No sistema proporcional de lista é necessário utilizar alguma fórmula para distribuir as cadeiras de cada distrito entre os partidos. As fórmulas eleitorais podem ser divididas em dois grupos: maiores médias, que utilizam um divisor, e maiores sobras, que utilizam quotas.[34]

As fórmulas de maiores médias dividem os votos recebidos pelos partidos por números em série. Feita a divisão, os partidos que obtêm números mais altos vão ocupando sucessivamente as cadeiras disputadas. As três fórmulas mais utilizadas são a *D'Hondt,* a *Sainte-Laguë* e a *Sainte-Laguë modificada.* Elas se diferenciam por conta da seqüência de divisores empregados.

A fórmula D'Hondt é empregada em 18 países que utilizam a representação proporcional de lista (quadro 2): os votos dos partidos são divididos pela série 1, 2, 3, 4, 5 etc. A fórmula Sainte-Laguë opera com uma série de números ímpares (1, 3, 5, 7 etc.) e é utilizada apenas no sistema misto da Nova Zelândia. A fórmula Sainte-Laguë modificada diferencia-se da original apenas no primeiro divisor, que em vez de 1 é 1,4 (1,4, 3, 5, 7, 9), e é utilizada na Noruega e na Suécia. O anexo B mostra os detalhes de cálculo dessas fórmulas.

As três fórmulas de maiores médias produzem resultados diferentes para a representação dos partidos. A fórmula D'Hondt dá um bônus para o partido mais votado do distrito e, por isso, é a menos proporcional quando se comparam os votos e as cadeiras dos partidos. A fórmula Sainte-Laguë produz os resultados mais proporcio-

---

[34] Para uma descrição minuciosa dessas e de outras fórmulas de utilização mais restrita, ver Tavares (1994:123-194).

nais. A Sainte-Laguë modificada, ao aumentar o divisor de 1 para 1,4, dificulta o acesso dos pequenos partidos à distribuição de cadeiras, o que gera um resultado menos proporcional do que o obtido na versão original.

As fórmulas de maiores sobras operam em dois estágios. O primeiro é o cálculo de uma quota que será utilizada como denominador da votação de cada partido: quantas quotas um partido atingir, tantas cadeiras ele elegerá. Geralmente, após a divisão dos votos de cada partido pela quota algumas cadeiras não são preenchidas. O segundo estágio é a distribuição dessas cadeiras restantes, que irão para os partidos cujos votos mais se aproximam do valor da quota (maiores sobras).

A principal distinção das fórmulas de maiores sobras concerne ao cálculo da quota. O total de votos pode ser dividido pelo número de cadeiras (quota Hare), ou pelo número de cadeiras mais 1 (quota Droop).[35] A quota Hare é utilizada na Dinamarca, na Costa Rica, em Honduras, em El Salvador e no Benin. A Droop é empregada na África do Sul, na República Tcheca e na Grécia. Em resumo:

- quota Hare = votos/cadeiras;
- quota Droop = votos/cadeiras + 1.

As fórmulas eleitorais no Brasil

A fórmula eleitoral utilizada na primeira eleição para a Câmara dos Deputados que utilizou a representação proporcional de lista, em 1945, favoreceu demasiadamente o partido mais votado em cada estado. Em primeiro lugar, calculava-se a quota Hare (conhecida na legislação como

continua

35 Estritamente falando, essa é a quota Hagenbach-Bischoff. A quota Droop original é: (número de votos/número de cadeiras + 1) + 1. A diferença é tão pequena que, à maneira de outros autores, considerei as duas como quota Droop. Ver Blais e Massicote (2002:67).

quociente eleitoral) dividindo-se o total de votos dos partidos (ou coligações) mais os votos em branco pelo número de cadeiras do distrito. A quota funcionava como cláusula de exclusão, ou seja, um partido que não recebesse pelo menos o mesmo número de votos da quota não poderia receber as cadeiras no distrito. As cadeiras não ocupadas na primeira alocação (sobras) eram destinadas exclusivamente para o partido mais votado no distrito eleitoral.

A partir de 1950, houve uma alteração nas regras para distribuição das sobras. A votação de cada partido passou a ser dividida pelo número de cadeiras que ele obtivesse na primeira alocação (pelo quociente eleitoral) mais 1. Por exemplo: um partido que recebesse seis cadeiras teria seus votos divididos por sete. As cadeiras não alocadas na primeira distribuição iriam para os partidos com as maiores médias. Esse sistema funciona na prática como a fórmula D'Hondt de maiores médias.

A fórmula adotada em 1950 continua em vigor e sofreu uma única alteração: desde 1998 os votos em branco deixaram de ser contabilizados no cálculo do quociente eleitoral.

A magnitude (M) dos distritos e os níveis para a alocação de cadeiras

No capítulo 1 vimos que a representação majoritária é utilizada, em geral, em distritos uninominais, enquanto a proporcional não pode sê-lo. A razão é simples: com apenas uma cadeira alocada só é possível garantir a representação de um dos concorrentes. Dito de outra maneira, a fórmula proporcional utilizada em um distrito uninominal funciona, na prática, como um sistema majoritário (o mais votado leva tudo).

A magnitude de um distrito eleitoral é um dos aspectos mais importantes para garantir que os resultados de uma eleição sejam proporcionais. Quanto maior a magnitude, mais fácil é para um partido obter representação. Por exemplo, em um distrito com $M = 5$ um partido que receber 15% dos votos não elegerá nenhum representante; em um distrito com $M = 10$, este partido elegerá pelo menos um representante. Por isso, quanto maior a magnitude, maior tende a ser a proporcionalidade quando se compara o percentual de votos com o de cadeiras dos partidos.

A Câmara dos Deputados da maioria dos países é composta de representantes eleitos em diversos distritos eleitorais. Cada distrito quase sempre está associado às subunidades territoriais (províncias, estados, *arrondissements*, regiões, cantões) de um país. Em Portugal, por exemplo, a Câmara dos Deputados (Assembléia da República) é composta de 20 distritos, o menor elegendo três, o maior 56 deputados; o cálculo para distribuição das cadeiras é feito em cada um desses distritos locais. Além de Portugal, mais 14 países utilizam exclusivamente os distritos locais para distribuir as cadeiras entre os partidos (ver quadro 2).

A configuração dos distritos locais afeta a representação nacional dos partidos. Nos países em que a Câmara dos Deputados é composta predominantemente por distritos de baixa magnitude, os pequenos partidos têm menos chances de obter representação e a proporcionalidade tende a ser menor. Nas democracias nas quais os grandes distritos eleitorais são predominantes, os pequenos partidos têm mais chances de eleger representantes e a proporcionalidade tende a ser maior. Um caso extremo é o de países como Israel e Holanda, que utilizam todo o território nacional como um único distrito eleitoral.

Além dos distritos locais, alguns países adotam formas mais complexas de alocação de cadeiras, com a presença de um ou mais distritos superiores. Os distritos superiores são utilizados com três finalidades:[36]

- agregar as sobras após a primeira rodada de alocação nos distritos locais;

36 Blais e Massicote, 2002:46-49.

- corrigir as distorções produzidas nos distritos locais;
- alocar parte das cadeiras de maneira independente dos distritos locais.

Os distritos superiores para agregação das sobras são utilizados na República Tcheca, na Romênia e na Grécia. O primeiro passo é utilizar uma quota para distribuir as cadeiras dos distritos locais. As cadeiras não alocadas nessa fase são agregadas no nível superior e distribuídas com base no somatório das sobras dos distritos locais. Este mecanismo tende a aumentar as chances de representação dos pequenos partidos, pois eles podem agregar os votos conquistados em diversos distritos locais.

Alguns países utilizam um distrito superior — composto por um número de cadeiras extras — com o propósito de corrigir as distorções entre votos e cadeiras produzidas nos distritos locais. Um distrito superior corretivo é utilizado na Bélgica, Dinamarca, Noruega, Suécia, Áustria e África do Sul.

A Câmara dos Deputados da Noruega (Storting) tem 175 cadeiras: 135 ocupadas pelos representantes de 17 distritos locais e 40 utilizadas para correção. O procedimento de distribuição de cadeiras segue estes passos:

- primeiro, as cadeiras dos distritos locais são distribuídas entre os partidos de acordo com os votos recebidos em cada distrito;
- a seguir, os votos recebidos pelos partidos nos distritos locais são somados nacionalmente;
- as cadeiras totais (175) são distribuídas entre os partidos segundo a votação recebida por eles em todo o país;
- compara-se a distribuição resultante do primeiro passo com a do terceiro;
- as 40 cadeiras corretivas são alocadas de modo a garantir uma alta proporcionalidade entre votos e cadeiras no âmbito nacional.[37]

---

37 Mackie e Rose, 1991:509.

É interessante notar que cada distrito local recebe as cadeiras extras de acordo com o peso de seus votos no resultado final das eleições nacionais. Não há uma lista de candidatos que concorrem ao distrito corretivo, mas uma simples operação matemática para tornar o sistema mais proporcional.

Em uma terceira opção, os representantes do distrito superior são eleitos independentemente dos representantes eleitos nos distritos locais. A Câmara dos Deputados (Sejm) da Polônia é composta por 460 cadeiras: 361 eleitas em distritos locais e 69 distribuídas de acordo com a votação nacional dos partidos. Esse sistema também é utilizado na Nicarágua e em El Salvador.

Quadro 2

Características dos países com representação proporcional de lista

País	Fórmula eleitoral	Nível para distribuição de cadeiras	Coligação permitida	Tipo de lista
África do Sul	Droop MS	Distrito superior corretivo		Fechada
Argentina	D'Hondt	Distritos locais		Fechada
Áustria	D'Hondt	Distrito superior corretivo		Flexível
Bélgica	D'Hondt	Distrito superior corretivo	Sim	Flexível
Benin	Hare MS	Distritos locais		Fechada
Brasil	D'Hondt	Distritos locais	Sim	Aberta
Bulgária	D'Hondt	Distritos locais	Sim	Fechada
Chile	D'Hondt	Distritos locais	Sim	Aberta
Costa Rica	Hare MS	Distritos locais		Fechada
Dinamarca	Hare MS	Distrito superior corretivo	Sim	Flexível

continua

País	Fórmula eleitoral	Nível para distribuição de cadeiras	Coligação permitida	Tipo de lista
El Salvador	Hare MS	Distrito superior independente		Fechada
Espanha	D'Hondt	Distritos locais		Fechada
Finlândia	D'Hondt	Distritos locais		Aberta
Grécia	Droop MS	Distrito superior agrega as sobras	Sim	Flexível
Holanda	D'Hondt	Distrito único nacional		Flexível
Honduras	Hare MS	Distritos locais		Fechada
Israel	D'Hondt	Distrito único nacional	Sim	Fechada
Moçambique	D'Hondt	Distritos locais		Fechada
Nicarágua	Hare MS	Distrito superior independente		Fechada
Noruega	Sainte-Laguë modificada	Distrito superior corretivo		Fechada
Polônia	D'Hondt	Distrito superior independente	Sim	Aberta
Portugal	D'Hondt	Distritos locais		Fechada
República Tcheca	Droop MS	Distrito superior agrega as sobras		Flexível
República Dominicana	D'Hondt	Distritos locais		Fechada
Romênia	D'Hondt	Distrito superior agrega as sobras		Fechada
Suécia	Sainte-Laguë modificada	Distrito superior corretivo	Sim	Flexível
Suíça	D'Hondt	Distritos locais		Livre
Turquia	D'Hondt	Distritos locais		Fechada
Uruguai	D'Hondt	Distritos locais		Fechada

Fontes: Blais e Massicote, 2002:40-69; Rose, 2000.

A cláusula de exclusão

Como vimos, a magnitude e a fórmula eleitoral são fatores determinantes para a representação dos pequenos partidos. Mas algumas democracias adotam uma cláusula de exclusão, um mecanismo que afeta de maneira mais explícita a representação dos partidos. A cláusula de exclusão determina que um partido só poderá obter representação caso receba pelo menos um determinado contingente de votos. Por exemplo, em Israel um partido precisa obter 1,5% dos votos nacionais para participar da distribuição de cadeiras da Câmara dos Deputados. A cláusula pode também ser adotada somente nos distritos locais. Na Espanha, um partido precisa receber 3% dos votos do distrito para garantir uma cadeira.

O propósito da cláusula de exclusão é dificultar o acesso dos pequenos partidos ao Legislativo. A principal justificativa é que a proporcionalidade extrema poderia produzir um Legislativo muito fragmentado, que afetaria a governabilidade. Nas eleições em que um número relevante de partidos fica abaixo do patamar definido pela cláusula, o bônus para os maiores partidos é ampliado e a proporcionalidade é reduzida.

Atualmente, a maioria dos países que utiliza o sistema proporcional de lista emprega uma cláusula de exclusão (ver figura 2). Oito países têm cláusulas nos distritos locais, sete no âmbito nacional, e Grécia, Polônia, Suécia e Romênia combinam cláusulas locais e nacionais. É interessante observar que o Brasil também utiliza uma cláusula de exclusão nas eleições para a Câmara dos Deputados (o quociente eleitoral), que opera em cada um dos distritos locais: ela varia de 1,4% em São Paulo a 12,5% em Roraima e em outros pequenos estados.

Figura 2

Cláusulas de exclusão nos sistemas proporcionais de lista

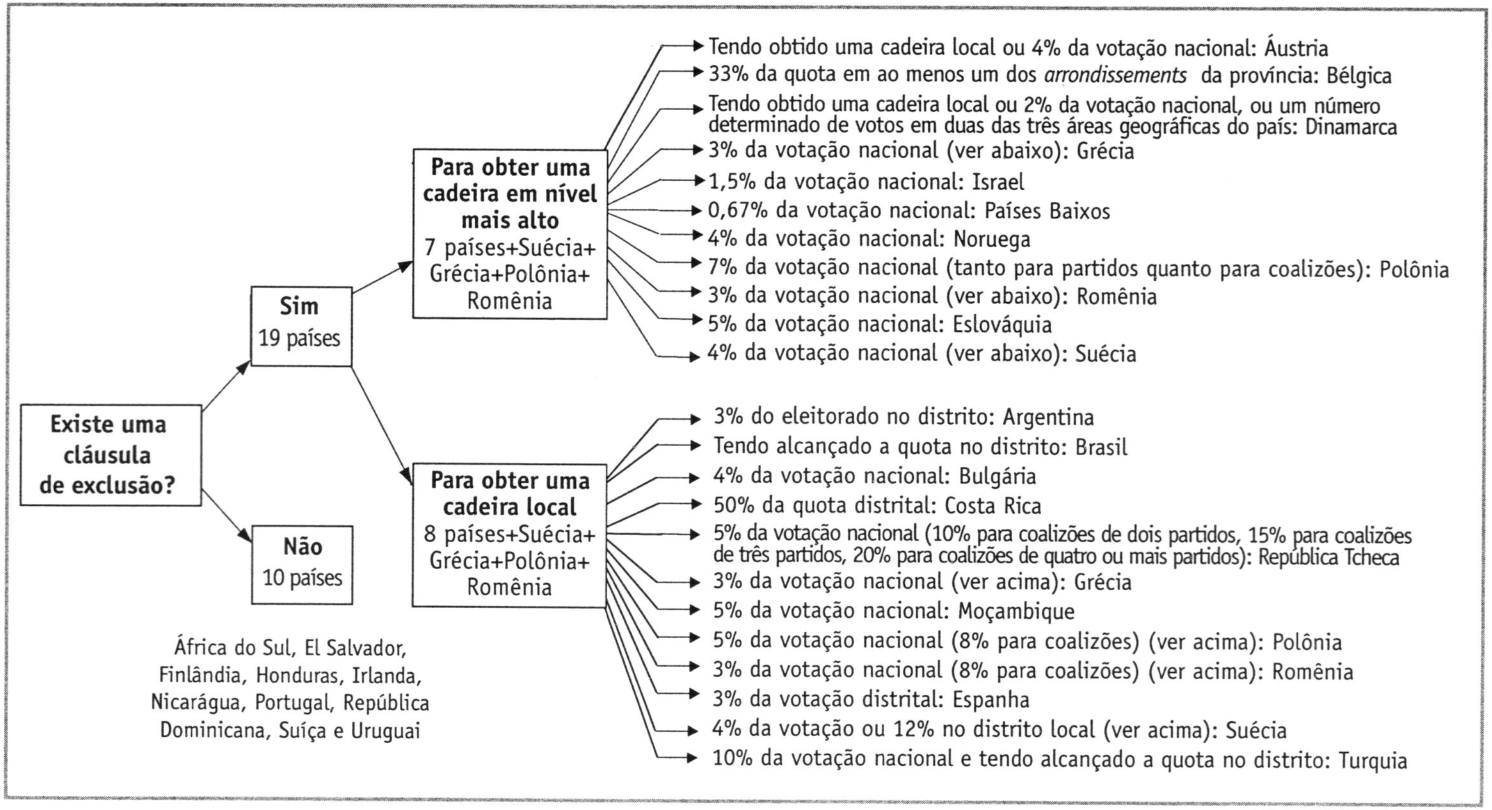

Fonte: Balis e Massicote, 2002:52.

As coligações[38]

Em alguns países (Brasil, Bulgária, Bélgica, Chile, Dinamarca, Israel, Grécia, Polônia e Suécia) os partidos podem se unir (coligar) para disputar a eleição para o Legislativo (ver quadro 2). Nesses casos, os partidos mantêm sua autonomia organizacional e apresentam uma lista própria de candidatos nas eleições, mas têm os votos agregados para efeito do cálculo das cadeiras.

As coligações ampliam as chances de os pequenos partidos obterem representação. Um partido que sozinho teria dificuldades de atingir o patamar mínimo de votos exigido para a eleição de um representante pode se beneficiar da soma de seus votos com os de outros partidos.

Nos países que permitem coligação, o processo de distribuição de cadeiras ocorre em duas fases. Na primeira há a distribuição das cadeiras do distrito eleitoral entre os partidos e as coligações. Na segunda as cadeiras conquistadas por uma coligação são distribuídas entre os partidos que a compuseram: cada partido recebe um número proporcional à contribuição que deu para a votação total da coligação. Por exemplo, imagine que dois partidos coligados (A e B) receberam 10 cadeiras. Como o partido A contribuiu com 60% dos votos da coligação ele elegeria 60% das cadeiras (seis). As outras quatro iriam para o partido B.

As coligações nas eleições parlamentares do Brasil

Nas duas fases de eleições democráticas (1945-64) e (pós-1985), as coligações foram permitidas nas eleições parlamentares. A singularidade do Brasil é que não existe mecanismo de cálculo intracoligação, ou seja,

continua

[38] No Brasil o termo coligação passou a designar as alianças eleitorais celebradas entre os partidos. Tal prática é conhecida na literatura internacional por *apparentement*, em francês, ou *cartel*, em inglês.

as cadeiras conquistadas pela coligação não são distribuídas proporcionalmente à contribuição que cada partido deu à votação final.

Para eleger um representante, um partido tem de garantir conseguir votos suficientes para posicionar-se entre os primeiros da lista. Por isso, é comum que pequenos partidos, quando coligados com os maiores, apresentem um número reduzido de candidatos e concentrem seus recursos de campanha para que estes tenham votação expressiva.

A combinação de coligação com a possibilidade de o eleitor votar na legenda, tal como ocorre no Brasil, produz um resultado curioso. Ao votar na legenda, quando o partido de sua preferência está coligado, o eleitor não garante que seu voto ajude a eleger especificamente um nome do seu partido. Na prática, esse voto é contabilizado apenas para definir o total de cadeiras obtido pela coligação.

Como são escolhidos os candidatos da lista

Os procedimentos vistos anteriormente (fórmulas, tipos de distrito, cláusula de exclusão e coligações) resolvem um problema: *quantas* cadeiras um partido receberá. Mas não resolvem outro: *quem*, de cada partido, ocupará essas cadeiras. Por isso, o sistema proporcional necessita de critérios para distribuir entre os candidatos de cada lista as cadeiras conquistadas pelos partidos.

A principal distinção nas regras para seleção de candidatos no sistema de representação proporcional é o grau de influência dos partidos comparado ao dos eleitores. No sistema de lista fechada os partidos definem antes das eleições o ordenamento dos candidatos, e os eleitores podem apenas votar numa das listas. Outros modelos permitem algum tipo de intervenção do eleitor na definição dos candidatos eleitos (voto preferencial).[39] Nos sistemas de lista aberta e lista

[39] O termo voto preferencial designa os sistemas nos quais o eleitor pode votar em um (ou mais) candidato(s) da lista partidária.

livre são os eleitores que definem quais nomes da lista serão eleitos. O caso mais complexo é o da lista flexível, no qual os partidos apresentam uma lista de candidatos em ordem de preferência, mas o eleitor pode estabelecer preferência para candidatos específicos.

Lista fechada

A lista fechada é o sistema mais usado entre as novas democracias que optaram pela representação proporcional: Argentina, Bulgária, Portugal, Moçambique, Espanha, Turquia, Uruguai, Colômbia, Costa Rica, África do Sul e Paraguai. Nesse modelo, os partidos decidem antes das eleições a ordem em que os candidatos aparecerão na lista. O eleitor vota em um dos partidos e não pode expressar preferência por um determinado candidato da lista. As cadeiras que cada partido receber serão ocupadas pelos primeiros nomes da lista. Por exemplo, um partido que obtém três cadeiras irá ocupá-las com os três primeiros candidatos da lista.

Um modelo da cédula da África do Sul é apresentado no anexo A (figura A-5). Observe que o eleitor pode apenas votar num dos partidos, que são identificados por símbolos e pela foto das lideranças.

A lista fechada permite que o partido tenha controle do perfil dos parlamentares que serão eleitos e, assim, certos grupos dominantes no partido se beneficiem colocando seus quadros entre os primeiros nomes da lista. Mas, em outras situações, é possível que haja um equilíbrio entre os vários segmentos do partido e a lista fechada conte, por exemplo, com significativa participação de mulheres e representantes de minorias étnicas. Nas eleições parlamentares da África do Sul realizadas em 1994, a lista fechada garantiu a eleição de um Legislativo diversificado em termos étnicos (negros de diversas etnias, indianos e brancos) e com 25% de representação feminina.[40]

A principal desvantagem da lista fechada é a impossibilidade de os eleitores influenciarem a escolha de representantes individuais. Se

---

40 Reynolds, 1997.

um eleitor tiver preferência por um determinado partido, mas não pelos nomes que encabeçam a lista, ele não terá como favorecer um determinado candidato.

Lista aberta

No sistema de lista aberta cabe exclusivamente aos eleitores a definição dos nomes dos candidatos que ocuparão as cadeiras conquistadas pelos partidos (ou coligações). A lista aberta é utilizada em um número reduzido de países (Brasil, Finlândia, Polônia e Chile), nos quais o procedimento é o mesmo:[41] cada partido apresenta uma lista de candidatos não-ordenada e o eleitor vota em um dos nomes; os votos recebidos pelos candidatos da lista são somados e utilizados para definir o número de cadeiras conquistadas pelo partido; estas serão ocupadas pelos candidatos mais votados. Na Finlândia, na Polônia e no Chile, para votar em um determinado partido o eleitor tem necessariamente de votar em um dos seus candidatos. Por essa razão, a lista aberta tende a "personalizar" a escolha eleitoral mais do que nos modelos de lista fechada e flexível. Na Finlândia, por exemplo, 40% dos eleitores dão mais importância à escolha de um nome do que à de um partido.[42]

Na lista aberta os partidos têm fortes incentivos para atrair nomes de lideranças e personalidades com "alta popularidade". Como a bancada final de um partido depende do somatório dos votos que cada candidato conquista individualmente, quanto mais nomes expressivos o partido tiver, maiores as chances de eleger uma bancada significativa. Por outro lado, o partido tem mecanismos limitados para favorecer a eleição de lideranças partidárias incapazes de conquistar tantos votos quanto outros nomes com forte apelo eleitoral.

Uma das principais críticas sofridas pela lista aberta é que ela estimularia a competição entre os candidatos de um mesmo partido,

---

[41] O Brasil é a exceção. Para mais detalhes, ver o boxe "A lista aberta no Brasil".

[42] Gallagher, Laver e Mair, 2001:314.

prática que enfraqueceria os partidos na arena eleitoral. Como o número de candidatos é maior que o de cadeiras que o partido conquistará, haveria uma disputa para ficar entre os primeiros da lista.

A lista aberta no Brasil[43]

O sistema de lista aberta é utilizado nas eleições para a Câmara dos Deputados, assembléias legislativas e câmaras de vereadores desde as eleições de 1945. Até 1962, o voto era necessariamente dado a um candidato, já que não existia a possibilidade de voto na legenda.

O sistema de lista aberta em vigor no Brasil tem duas singularidades. Diferentemente do que ocorre na Finlândia, na Polônia e no Chile, o eleitor brasileiro tem a opção de votar exclusivamente em um partido (voto de legenda). Nesse caso, o voto é contabilizado para a distribuição das cadeiras, mas não afeta a disputa entre os candidatos da lista.

Outra singularidade é a formação de uma única lista de candidatos quando diferentes partidos estão coligados. Pelo sistema em vigor no Brasil, os candidatos mais votados, independentemente do partido ao qual pertençam, ocuparão as cadeiras eleitas pela coligação.

Na Polônia e na Finlândia, que também permitem coligações nas eleições parlamentares, os partidos se unem apenas para a distribuição de cadeiras. Como há uma distribuição proporcional das cadeiras da coligação, os nomes mais votados de cada partido (e não da coligação) se elegem.

43 Diferentemente do eleitor de outros países, o brasileiro não se defronta com uma cédula com todos os candidatos, assinalando aquele de sua predileção. No Brasil, até a adoção da urna eletrônica, o eleitor tinha de escrever o nome ou o número de seu candidato na cédula de papel (figura A-6, no anexo A). Por isso, José Giusti Tavares (1998) prefere classificar o sistema eleitoral brasileiro como *voto uninominal*, enfatizando o número de voto preferencial de cada eleitor. Ainda que o eleitor não se defrontasse com uma lista de candidatos na cédula de papel (e agora na urna eletrônica), o sistema de apuração seria o de lista, por isso prefiro a denominação *lista aberta*.

Lista livre

O modelo de voto preferencial utilizado na Suíça, conhecido como lista livre, oferece ao eleitor um número maior de escolhas do que a lista aberta. Os partidos apresentam uma lista não-ordenada de candidatos e o eleitor pode votar em um partido ou em um ou mais candidatos. É permitido votar em um número de candidatos igual à magnitude do distrito; por exemplo, num distrito com cinco representantes o eleitor pode escolher até cinco nomes. Os eleitores suíços têm, ainda, a opção de votar duas vezes no mesmo candidato (acumulação) e de votar em candidatos de diferentes partidos (*panachage*). O recurso ao *panachage* é pouco utilizado: em eleições recentes, apenas 8% dos eleitores votaram em candidatos de partidos diferentes.[44]

No processo de apuração, os votos dos candidatos de cada lista são somados e o total é utilizado para distribuir as cadeiras entre os partidos — quando o voto é dado para o partido, cada candidato da lista recebe um voto. Os nomes com mais votos de cada lista ocupam as cadeiras conquistadas.

Lista flexível

A lista flexível oferece ao eleitor a possibilidade de intervir no ordenamento dos candidatos feito pelos partidos antes das eleições. Caso os eleitores concordem com a lista, eles votam no partido. Caso não concordem, podem indicar a preferência por determinados candidatos, o que é feito de duas maneiras: assinalando o nome da lista (Bélgica, Holanda, Dinamarca e Grécia) ou reordenando a lista segundo suas preferências (Áustria, Noruega e Suécia).

Na Bélgica, o eleitor assinala na cédula sua preferência por um partido ou opcionalmente por um candidato (ver figura A-7

[44] Marsh, 1985:369.

do anexo A). O primeiro passo para distribuir as cadeiras de um partido entre seus candidatos é calcular uma quota (os votos recebidos são divididos pelas cadeiras conquistadas mais 1). Os candidatos que receberem um número de votos preferenciais superior à quota estarão eleitos. Como os votos dados ao partido são utilizados? Eles são inicialmente transferidos para o primeiro nome da lista até o valor da quota. Os votos partidários restantes são transferidos para o segundo da lista até que esse também possa atingir a quota. O mecanismo é repetido até que todos os votos partidários sejam transferidos. Embora cerca de metade dos eleitores belgas votem em candidatos, raramente há alteração na ordem dos candidatos definida pelos partidos: em todas as eleições realizadas desde 1919, apenas 0,6% dos deputados garantiram a eleição graças ao voto preferencial.[45]

Uma variante da lista flexível é utilizada na Áustria, onde, em vez de votar em um dos nomes, o eleitor pode reordenar a lista de candidatos de acordo com suas preferências. Caso o eleitor concorde com a lista, ele vota no partido. Caso não concorde, ele pode escrever um número (1, 2, 3, 4...) ao lado de cada candidato, indicando sua preferência. O sistema de apuração é feito por pontos: o candidato ordenado em primeiro recebe tantos pontos quantos forem os candidatos da lista, o segundo candidato recebe um ponto a menos, o terceiro dois pontos a menos etc. Quando os eleitores votam apenas na legenda, o mesmo sistema de pontuação é aplicado, com o primeiro nome da lista recebendo mais pontos. Os candidatos eleitos são aqueles que conseguem obter mais pontos. O impacto do voto preferencial na Áustria é mínimo, já que menos de 1% dos eleitores deixa de votar na lista do partido.[46]

---

[45] Gallaguer, Laver e Mair, 2001:315.
[46] Marsh, 1985:368.

Chile: sistema proporcional de lista aberta ou sistema majoritário?

O Chile utiliza um sistema proporcional de lista aberta em distritos de dois representantes. Cada partido (ou coalizão) apresenta dois nomes, mas o eleitor pode votar em apenas um.

Os votos dos dois candidatos de cada lista são somados. O candidato mais votado do partido majoritário fica com a primeira cadeira. A seguir, o número de votos do partido mais votado é dividido por 2. Se esse número for maior do que a votação do segundo partido, o primeiro ficará com a segunda cadeira; ou seja, o partido mais votado só recebe as duas cadeiras caso consiga pelo menos o dobro de votos do segundo colocado. Esse procedimento funciona da mesma maneira que a fórmula D'Hondt.

Por utilizar distritos de baixa magnitude ($M = 2$), o sistema eleitoral do Chile é considerado majoritário por alguns autores.

A representação é criticada sobretudo por duas razões. A primeira é a ênfase demasiada na idéia de que as eleições servem para representar, deixando de lado outra dimensão fundamental, a da formação dos governos. A fórmula proporcional tende a punir menos os pequenos partidos e a produzir maior fragmentação parlamentar. Nesse cenário, dificilmente um único partido consegue maioria absoluta das cadeiras, e precisa fazer alianças pós-eleitorais com outros partidos para governar. Além de produzir governos menos estáveis, essas coalizões muitas vezes afastam o governo formado das preferências definidas pelos eleitores nas urnas. Por exemplo, um partido de esquerda que precisa de apoio parlamentar de um partido de centro acabará tendo de implementar políticas mais moderadas, diferentes das apresentadas para os eleitores durante as eleições. Na realidade, a crítica é menos à representação proporcional e mais ao tipo de governo que ela tende a produzir (de coalizão).

A segunda crítica é feita menos à natureza da representação proporcional e mais ao tipo de distrito eleitoral adotado nesse sistema.

Ao contrário da representação majoritária, que, em geral, opera em distritos uninominais, os sistemas proporcionais exigem distritos plurinominais. Para os críticos, a adoção de distritos eleitorais com muitos representantes reduziria a capacidade de conexão dos eleitores com seus deputados. Com muitos representantes eleitos no distrito, os eleitores teriam mais dificuldades para identificar o representante e fazer uma avaliação de sua atuação, seja para puni-lo (caso não tenha tido uma boa atuação), seja para recompensá-lo (quando teve uma boa atuação).

Capítulo 3

Sistemas mistos

Independentemente de os sistemas mistos continuarem a proliferar ou não, eles agora oferecem a junção entre sistemas majoritários e proporcionais como opção que deve ser considerada quando os países desenham ou redesenham os seus sistemas eleitorais. Isso representa uma mudança fundamental no pensamento sobre sistemas eleitorais ao redor do mundo.
(Matthew Soberg Shugart e Martin P. Wattemberg)

Sistemas mistos são aqueles que utilizam simultaneamente aspectos dos dois modelos de representação (proporcional e majoritário) em eleições para o mesmo cargo.[47] Em uma eleição para o Legislativo as combinações envolvem, de um lado, alguma versão de representação proporcional (de lista ou voto único transferível) e, de outro, uma variante do sistema majoritário — seja em distritos uninominais (maioria simples, dois turnos, voto alternativo), seja em distritos plurinominais (voto em bloco, voto em bloco partidário e voto único não-transferível). Nos países que utilizam os sistemas mistos, a combinação mais freqüente é entre a representação proporcional de lista e o sistema de maioria simples.

Até o final dos anos 1980, apenas a Alemanha e o México utilizavam sistemas eleitorais mistos. Desde então, é crescente a popularidade da combinação da representação proporcional com a majo-

---

47 Sobre os sistemas mistos, ver Massicote e Blais (1999:341-366); Shugart e Wattemberg (2001:9-24); Massicote (2000:165-171).

ritária, tanto entre os defensores de reformas nos sistemas eleitorais das democracias tradicionais, quanto entre os "arquitetos" dos sistemas representativos de novas democracias. Um dos principais argumentos em defesa do sistema misto é que ele garante a representação de um contingente de parlamentares eleitos em distritos uninominais, mantendo a proporcionalidade na representação partidária. Os defensores da eleição em distritos uninominais acreditam que o sistema permite uma relação mais próxima entre o eleitor e seu representante; desse modo, os deputados teriam maiores incentivos para defender os interesses do distrito eleitoral.

Existem algumas maneiras de combinar a fórmula majoritária com a proporcional nos sistemas mistos. O aspecto mais importante dessa combinação refere-se ao grau de associação entre as duas fórmulas. Nos sistemas *independentes*, as fórmulas são usadas paralelamente, sem que o resultado de uma afete o da outra. Nos modelos *dependentes*, o resultado de uma fórmula está associado ao produzido pela outra fórmula. O tipo mais utilizado de combinação independente é o sistema de superposição; e o de combinação dependente é o sistema de superposição.[48]

O sistema misto de superposição[49]

O sistema misto de superposição é o tipo mais comum de combinação independente. Na superposição todos os eleitores elegem seus representantes por intermédio de duas diferentes fórmulas, mas a eleição dos representantes da parte proporcional não é afetada pela majoritária. Na realidade, há dois grupos diferenciados de representantes,

---

[48] Para a descrição de outros modelos de sistema misto, ver Massicote e Blais (1999:341-366).

[49] O sistema misto também é conhecido na literatura internacional com outras denominações: *parallel system* e *combined independent system*. Segui aqui a sugestão de Louis Massicote e Andre Blais (1999:349) e adotei o termo *superposição* (no lugar de *combinação*, utilizado na primeira edição), pois ele enfatiza uma dimensão fundamental do sistema: a existência de dois diferentes níveis de representação.

cada um eleito por uma fórmula eleitoral. O sistema de superposição passou a ser utilizado a partir da década de 1990 em novas democracias da Ásia (Coréia do Sul, Taiwan e Tailândia) e antigos territórios da União Soviética (Rússia, Ucrânia e Lituânia). O Japão abandonou um sistema de *voto único não-transferível* em 1994 e passou a utilizar o sistema de superposição.

A Câmara dos Deputados (Diet) do Japão é composta de 500 deputados, 300 dos quais eleitos por maioria simples em distritos uninominais e 180 pela representação proporcional (lista fechada) em 11 distritos locais.[50] O eleitor dá dois votos: um no candidato que concorre no distrito, outro na lista partidária. As cadeiras dos dois níveis são alocadas separadamente: a representação final de um partido é o resultado do que ele obteve na parte proporcional *mais* o que ele conquistou nos distritos. Os candidatos podem concorrer nos dois níveis, o que dá a chance de o perdedor no distrito ser eleito, caso esteja bem posicionado na lista.

Os defensores do sistema misto no Japão acreditavam que os distritos uninominais produziriam uma competição bipartidária e aumentariam as chances de alternância no governo. De fato, nas eleições de 2000 os dois maiores partidos (Liberal Democrático e Democrático) ganharam 86% das cadeiras da parte majoritária. Mas a parte proporcional garantiu a presença dos pequenos partidos no Legislativo (os dois maiores partidos receberam 57% das cadeiras). Pesquisas eleitorais mostram que 45% dos eleitores deram votos diferentes para os dois cargos, em geral votando num grande partido no distrito e num menor na lista.[51]

O quadro 3 apresenta as principais características de sete países que utilizam o sistema misto de superposição. Três aspectos são fundamentais para distingui-los: o número de votos (um ou dois) que o eleitor pode dar, a possibilidade de os candidatos concorrerem simultaneamente no distrito uninominal e na lista, e o percentual de cadeiras da parte proporcional do sistema.

---

[50] Sobre o Japão, ver Reed e Thies (2001:152-172).

[51] Thies, 2002.

Quadro 3

Características dos sistemas de superposição

País e ano em que o sistema foi introduzido	Cadeiras — representação majoritária	Cadeiras — representação proporcional	Unidade em que é feito o cálculo da parte proporcional	Tipo de sistema majoritário	Dois votos?	Candidatura dupla permitida?
Coréia do Sul, 1994	253 (85%)	46 (15%)	País	Maioria simples	Não	Não
Japão, 1994	300 (52%)	180 (48%)	11 distritos	Maioria simples	Sim	Sim
Lituânia, 1992	71 (50%)	70 (50%)	País	Dois turnos	Sim	Sim
Rússia, 1993	225 (50%)	225 (50%)	País	Maioria simples	Sim	Não
Tailândia, 1997	400 (80%)	100 (20%)	País	Maioria simples	Sim	Não
Taiwan, 1992	128 (78%) (27 distritos)	36 (22%)	Dois distritos	Voto único não-transferível	Não	Não
Ucrânia, 1997	225 (50%)	225 (50%)	País	Maioria simples	Sim	Sim

Fonte: Massicote, 2000.

Um ou dois votos? A possibilidade de dar dois votos permite que os partidos menores, sem chances na disputa majoritária, sejam beneficiados pelo voto dado à lista. Já o voto único, utilizado apenas na Coréia do Sul e em Taiwan, tende a favorecer os partidos maiores. Nesse caso, os votos recebidos pelos partidos nos distritos são somados nacionalmente e servem para distribuir as cadeiras da parte proporcional. Assim, a lógica da competição majoritária tende a prevalecer, sobretudo o voto útil, que acaba prejudicando os menores partidos.

O candidato pode concorrer no distrito e na lista? Alguns países (Japão, Lituânia e Ucrânia) permitem que um candidato dispute as eleições simultaneamente no distrito e na lista partidária. Já outros (Rússia, Coréia do Sul, Taiwan e Tailândia) não. A possibilidade de concorrer nos dois níveis serve como um "seguro" para os candidatos que são derrotados na disputa no distrito uninominal e podem ser "resgatados" na lista partidária. Na eleição japonesa de 2000, por exemplo, 79 candidatos derrotados no distrito foram eleitos nas listas partidárias.[52]

Qual é o percentual de cadeiras preenchidas pela fórmula proporcional? O contingente de representantes eleitos pela representação proporcional varia entre 18% (Taiwan) e 50% (Ucrânia e Rússia). Em geral, um percentual maior de cadeiras preenchidas pela parte proporcional tende a favorecer a representação dos pequenos partidos e produzir maior proporcionalidade, quando se comparam a votação final recebida pelos partidos e a representação destes no Parlamento.

O sistema misto de correção[53]

Os sistemas mistos de correção também utilizam duas fórmulas eleitorais, mas existe uma associação entre elas: a proporcional

---

52 Thies, 2002:151.

53 Esse sistema é conhecido na literatura internacional como: *additional member system, mixed member proportional, two-vote system of proportional representation, German system, adjustment-seats system* e *personalized proportional representation.* Por escolher classificar os sistemas eleitorais por sua natureza, e não por seus efeitos, optei por considerar esse sistema misto, combinando, portanto, aspectos da representação majoritária e da proporcional.

serve para corrigir as distorções produzidas pela majoritária. A Alemanha foi o primeiro país a adotar um sistema misto de combinação (1949). O México passou a utilizá-lo a partir das eleições de 1963. Na década de 1990, seis países (Itália, Nova Zelândia, Venezuela, Filipinas, Bolívia e Hungria) optaram por este modelo de representação.

O sistema de correção segue um padrão semelhante na maioria dos países em que é utilizado:

- as cadeiras são distribuídas nacionalmente (ou no âmbito regional) proporcionalmente aos votos dados na lista;
- do total de cadeiras obtidas pelos partidos são subtraídas as que o partido conquistou nos distritos uninominais;
- a diferença é ocupada pelos primeiros candidatos da lista.

O sistema eleitoral da Alemanha é referência nas discussões sobre reforma eleitoral de diversos países.[54] Durante os debates no conselho que elaborou a nova Constituição do país após a II Guerra Mundial, houve um intenso debate sobre qual sistema eleitoral deveria ser adotado. De um lado, os democratas-cristãos defendiam a adoção de um sistema majoritário de tipo britânico. De outro, os pequenos partidos e os social-democratas defendiam a manutenção da representação proporcional, que havia sido utilizada na República de Weimar (1919-33). A solução foi criar um sistema que distribui as cadeiras proporcionalmente, mas garante que um contingente de parlamentares seja eleito por maioria simples em distritos uninominais. Uma das crenças dos "pais-fundadores" da Constituição de Bonn é que a dimensão majoritária introduziria incentivos para uma política mais personalizada no âmbito local.[55]

---

[54] Sobre a Alemanha, ver: Klingemann e Wessels (2001:279-296); Krenerich (1997:76-78); Roberts (1996).

[55] Klingemann e Wessels, 2001:279.

Pequenas alterações foram feitas nos anos seguintes e o sistema mantém seus traços gerais desde 1956. A Câmara dos Deputados (Bundestag) da Alemanha é composta por 656 representantes (não incluídas as cadeiras extras), 328 eleitos em distritos uninominais e 328 em listas fechadas. Cada partido apresenta um nome na disputa no distrito e uma lista de candidatos em cada estado. O eleitor dá dois votos: o primeiro em um candidato que concorre no distrito; o segundo em um dos partidos. É possível votar em dois partidos diferentes (ver figura A-8 do anexo A).

O candidato que recebe a maioria simples de votos do distrito é eleito. Mas é o segundo voto que decide quantas cadeiras cada partido terá no Bundestag. Os votos recebidos pelos partidos (segundo voto) são totalizados nacionalmente e as 656 cadeiras são distribuídas de acordo com a fórmula proporcional. Apenas os partidos que recebem pelo menos 5% dos votos nacionais ou que vencem em três distritos uninominais podem disputar as cadeiras da distribuição proporcional.

As cadeiras que um partido obtém nacionalmente são distribuídas proporcionalmente à votação recebida em cada um dos 16 estados. Por exemplo, se o Partido Social-Democrata obteve 100 cadeiras nacionalmente, e 20% dos votos tiverem sido obtidos na Baviera, 20 cadeiras irão para lá. Em cada estado, o total de cadeiras que o partido conquistou nos distritos é subtraído do total de cadeiras da lista. O restante das cadeiras é alocado para os primeiros nomes da lista partidária. Digamos que o Partido Social-Democrata vence em cinco distritos da Baviera. Neste caso, 15 cadeiras (20-15) são ocupadas pelos cinco primeiros candidatos da lista.

A legislação eleitoral alemã tem um mecanismo que cria cadeiras extras (*überhangmandate*) na Câmara dos Deputados. Caso um partido em um estado eleja mais representantes nos distritos uninominais do que na lista partidária, ele recebe essas cadeiras adicionais. Até os anos 1980 as eleições não produziram, ou produziram um número reduzido de cadeiras adicionais. A partir da unificação, em 1990, essa situação se alterou, e o número de cadeiras extras aumentou: foram seis em 1990, 16 em 1994 e 13 em 1998. Uma das razões é o crescimento do voto estratégico, pelo qual os eleitores, para não desperdiçar seus votos, escolhem um grande partido no distrito uninominal e um pequeno na lista. Em 1998, por exemplo, 3,9% dos eleitores votaram no Partido Liberal na lista e no Partido Democrata-Cristão no distrito; e 3,5% votaram nos Verdes na lista e no Partido Social-Democrata no distrito.[56]

O funcionamento do sistema eleitoral da Alemanha pode ser mais bem compreendido observando os resultados finais de uma eleição. A tabela 3 apresenta os dados das eleições de 1994 para o Bundestag. Apenas quatro partidos (Democrata-Cristão, Social-Democrata, Verde e Liberal) se capacitaram para participar da distribuição nacional das cadeiras, pois ultrapassaram a cláusula de 5%. O Partido Comunista, mesmo recebendo menos de 5% dos votos, pôde participar da distribuição das cadeiras porque venceu em quatro distritos uninominais. A segunda coluna mostra que o percentual de cadeiras que os partidos receberam é muito próximo do percentual de votos. A coluna seguinte deixa claro que existe uma concentração da disputa nos distritos uninominais entre os dois maiores partidos (Democrata-Cristão e Social-Democrata). Os outros dois partidos (Verde e Liberal) conseguiram eleger representantes exclusivamente devido ao segundo voto (lista). A quarta coluna mostra o número de representantes que cada partido elegeu na lista. Observe que ela é o resultado da subtração das cadeiras nacionais (A) das cadeiras obtidas no distrito. Nessa eleição, os partidos asseguram 16 cadeiras, por intermédio do *überhangmandate*: 12 para a democracia cristã e quatro para a social-democracia. O resultado foi um aumento do tamanho do Bundestag, que passou de 658 para 672 cadeiras.

---

56 Klingemann e Wessels, 2001:287.

Tabela 3

Distribuição de cadeiras por partido no Bundestag: Alemanha, eleições de 1994

Partido	% votos (segundo voto)	Número e % de cadeiras (A)	Número e % de cadeiras eleitas nos distritos (B)	Total de cadeiras eleitas nas listas (A - B)	Total
Democrata-Cristão	41,5	282 (43,0)	221 (67,5)	61 (+12 mandatos extras) = 73	294
Social-Democrata	36,4	248 (38,0)	103 (31,5)	145 (+4 mandatos extras) = 149	252
Verde	7,3	49 (7,0)	-	49	49
Liberal	6,9	47 (7,0)	-	47	47
Comunista	4,4	30 (5,0)	4 (1,0)	26	26
Outros	3,5				
Total	100	656 (100)	328 (100)	344	672

Fonte: Unglaub, 1995.

A legislação eleitoral alemã permite que os candidatos concorram simultaneamente nos distritos e nas listas partidárias. Por exemplo, nas eleições de 1998, 20% dos candidatos concorreram apenas nos distritos uninominais, 33% apenas na lista e 47% concorreram nos dois níveis.[57] No caso da disputa simultânea, a eleição de um candidato no distrito significa sua eliminação da lista, o que permite que os candidatos posicionados mais abaixo destes na lista se elejam. Na Bavária, por exemplo, os seis candidatos conservadores eleitos em 1994 estavam colocados entre os números 2 e 25 da lista, evidenciando que muitos nomes colocados em melhores posições foram eleitos nos distritos.[58]

[57] Klingemann e Wessels, 2001:290.

[58] Roberts, 1996:132.

Um aspecto interessante do sistema alemão é que o número de cadeiras de cada estado no Bundestag não é definido previamente. Um estado terá o número de representantes resultante da soma dos eleitos pelos partidos naquele estado. Assim, um estado com alto comparecimento eleitoral terá um acréscimo no número de representantes, enquanto um estado com baixa participação eleitoral perderá representantes na Câmara dos Deputados. Por exemplo, nas eleições de 1994, a taxa de comparecimento nacional foi de 79%. O estado de Hessen, com uma maior taxa de comparecimento (82%), no lugar de 22 representantes na lista, elegeu 27, enquanto a Saxônia, com uma taxa de 70%, em vez de 21, elegeu 15 representantes.[59]

O quadro 4 apresenta as principais características dos sistemas mistos de correção utilizados em oito países. Uma distinção importante refere-se ao nível em que são calculadas as cadeiras da parte proporcional. Na Bolívia e na Venezuela são agregadas em distritos locais, e não em distritos únicos nacionais. Por isso, o grau de proporcionalidade tende a ser menor nesses dois países. Em todos os países o eleitor dá dois votos (um na lista e outro no candidato do distrito uninominal), e apenas na Filipinas não é permitido que o candidato concorra simultaneamente nos dois níveis.

---

[59] Se a taxa de comparecimento fosse idêntica em todos os estados, estes teriam na Câmara o mesmo número de representantes do que o de distritos. Neste caso, poder-se-ia dizer que metade dos representantes de um estado é eleita nas listas e a outra metade nos distritos. Na prática isso raramente ocorre.

Quadro 4

Características dos sistemas de correção

País e ano em que o sistema foi introduzido	Cadeiras — representação majoritária	Cadeiras — representação proporcional	Unidade em que é feito o cálculo da parte proporcional	Tipo de sistema majoritário	Dois votos?	Candidatura dupla permitida?
Alemanha, 1949	328 (50%)	328 (50%)	País	Maioria simples	Sim	Sim
Bolívia, 1996	68 (52%)	62 (48%)	9 distritos locais	Maioria simples	Sim	Sim
Filipinas, 1995	208 (80%)	52 (20%)	País	Maioria simples	Sim	Não
Itália, 1993	475 (75%)	155 (25%)	País	Maioria simples	Sim	Sim
México, 1963	300 (60%)	200 (40%)	País	Maioria simples	Sim	Sim
Nova Zelândia, 1993	67 (56%)	53 (47%)	País	Maioria simples	Sim	Sim
Venezuela, 1993	100 (50%)	99 (50%)	22 distritos locais	Maioria simples	Sim	Sim
Hungria, 1990	176 (46%)	a) 152 (39%) b) 58 (15%)	a) 20 distritos locais b) distrito único	Maioria simples	Sim	Sim

Fonte: Massicote, 2000.

Os sistemas mistos de correção são acusados de serem excessivamente complexos. Em alguns casos, como o da Hungria[60] e o da Itália,[61] o entendimento é um desafio até mesmo para os especialistas. No dizer de Louis Massicote, um dos maiores estudiosos dos sistemas mistos:

> os sistemas de maioria simples podem ser explicados e entendidos em 10 segundos, e os sistemas de maioria absoluta em menos de um minuto, ao passo que os sistemas de representação proporcional (especialmente os que utilizam os distritos complementares e a transferência de votos) necessitam mais tempo; mas a maioria dos especialistas sabe que os mecanismos dos sistemas mistos dificultam a sua tarefa de ensinar, bem como a de os alunos aprender. Se a excessiva complexidade dos arranjos eleitorais é um vício, sistemas mistos são realmente imperfeitos.[62]

Um problema inerente aos sistemas mistos de correção é a possibilidade de que um partido vença em mais distritos do que teria direito na lista. O problema existe tanto nos países que determinam as cadeiras nacionalmente e depois as distribuem entre as listas locais (Alemanha e Nova Zelândia), bem como nos que utilizam distritos locais (Bolívia e Venezuela). Como foi visto no caso da Alemanha, uma das principais razões para o fenômeno é o voto estratégico (o eleitor vota em um grande partido no distrito e em um menor na lista

---

60 O sistema da Hungria é extremamente complexo. Inicialmente funciona como um sistema de superposição, com 176 representantes eleitos em distritos uninominais e 152 eleitos pela representação proporcional em 20 distritos. Outras 58 cadeiras são utilizadas para efeito de correção nacional. Ver Schiemann (2001).

61 O sistema da Itália tem um mecanismo de correção diferente. Para detalhes, ver Katz (2001:96-122).

62 Massicote, 2000:170.

partidária). Além da opção pela criação de cadeiras suplementares (Alemanha e Nova Zelândia), uma solução alternativa é utilizada na Bolívia e na Venezuela. Nesses países, o partido garante as cadeiras conquistadas no distrito uninominal, mas o mesmo número de cadeiras é subtraído da parte proporcional. Tal mecanismo tende a favorecer os maiores partidos (mais votados no distrito uninominal) e reduzir as chances dos menores (mais votados na lista).

A existência de dois tipos de parlamentares, uns eleitos no distrito uninominal, outros na lista partidária, poderia ser um estímulo para criação de dois tipos de representantes, com atuação diferenciada: o parlamentar do distrito para cultivar vínculos com os interesses locais, e os da lista, com a vida do partido e com uma agenda mais nacional. Como os sistemas mistos foram adotados há muito pouco tempo na maioria dos países, ainda não existem evidências sobre este tópico. Na Alemanha — onde o sistema está em vigor há muito tempo e é permitida a candidatura nos dois níveis — pesquisas recentes mostram que os eleitos nos distritos fazem mais contatos com os eleitores e acreditam, em maior grau, que o objetivo de sua atuação é contemplar todos os eleitores do distrito.[63]

Os sistemas mistos e o Brasil

No Brasil, as propostas para combinar a representação majoritária com a proporcional são conhecidas pelo nome de *sistema distrital-misto*. O problema dessa designação é que ela não distingue as duas variantes de sistemas mistos (superposição e correção).

Desde 1982, em todas as legislaturas da Câmara dos Deputados, foram apresentados projetos de adoção de sistemas mistos. Mas os dois que tiveram maior repercussão pública foram os que comissões específicas

continua

[63] Klingemann e Wessels, 2001:292.

apresentaram: a Comissão Arinos (grupo de personalidades de diversas áreas que se reuniram em 1985 e apresentaram um anteprojeto de Constituição para o Brasil) e a Comissão de Estudos para a Reforma da Legislação Eleitoral, do Tribunal Superior Eleitoral (TSE), em 1995.

O projeto da Comissão Arinos sugeriu a adoção de um sistema de superposição, com a metade dos deputados federais de cada estado eleita pelo sistema proporcional e a outra metade eleita em distritos uninominais por maioria simples. O eleitor daria um único voto.

O projeto da Comissão de Estudos para a Reforma da Legislação Eleitoral, ainda que pouco detalhado, propôs que o eleitor fizesse uso de dois votos (um para o distrito de um representante e um para a lista partidária). O voto dado na lista serviria para o cálculo total de cadeiras dos partidos no âmbito dos estados; desse total seriam diminuídas as cadeiras conquistadas pelos partidos nos distritos uninominais.

Capítulo 4

Os efeitos dos sistemas eleitorais

Nos três capítulos anteriores, fiz uma série de referências aos possíveis efeitos dos sistemas eleitorais. O propósito deste capítulo é avaliar de maneira mais sistemática o impacto dos sistemas eleitorais sobre a representação política. Analisarei os resultados de eleições recentes para a Câmara dos Deputados de 55 democracias. Os países escolhidos foram praticamente os mesmos da pesquisa sobre democracias comparadas coordenada por Lawrence LeDuc, Richard Niemi e Pippa Norris.[64] Na amostra dos autores entraram os países com população superior a 3 milhões que receberam entre 1 e 3 no índice de direitos políticos da Freedom House em 2000. A Rússia, a Turquia e a Venezuela, apesar de não terem atingido o patamar mínimo de direitos políticos, foram incluídas; a justificativa apresentada foi o esforço desses países para estabelecer e manter o sistema democrático.

---

64 LeDuc, Niemi e Norris, 2002. Os países excluídos foram Madagascar, Filipinas e Equador.

O quadro 5 apresenta a população e os sistemas eleitorais dos 55 países selecionados. Mais da metade (32) utiliza a representação proporcional; apenas a Irlanda não adota a variável de lista, e 10 países adotam alguma versão da fórmula majoritária. É interessante observar o número significativo de países democráticos (13) que optaram pelos sistemas mistos.

Quadro 5

Sistemas eleitorais de 55 países (2004)

País	População em 2002 (milhões)	Sistema eleitoral	
Austrália	19	Majoritário	Voto alternativo
Bangladesh	129	Majoritário	Maioria simples
Canadá	31	Majoritário	Maioria simples
EUA	278	Majoritário	Maioria simples
Índia	101	Majoritário	Maioria simples
Malaui	11	Majoritário	Maioria simples
Nepal	24	Majoritário	Maioria simples
Reino Unido	59	Majoritário	Maioria simples
França	59	Majoritário	Dois turnos
Mali	11	Majoritário	Dois turnos
Japão	127	Misto	Superposição
Coréia	47	Misto	Superposição
Lituânia	4	Misto	Superposição
Rússia	147	Misto	Superposição
Taiwan	22	Misto	Superposição
Ucrânia	50	Misto	Superposição
Bolívia	8	Misto	Correção
Alemanha	82	Misto	Correção
Hungria	10	Misto	Correção
Itália	57	Misto	Correção
México	99	Misto	Correção
Nova Zelândia	4	Misto	Correção
Tailândia	61	Misto	Correção

continua

País	População em 2002 (milhões)	Sistema eleitoral	
Venezuela	24	Misto	Correção
Irlanda	4	Proporcional	Voto único transferível
Argentina	37	Proporcional	Proporcional de lista
Áustria	8	Proporcional	Proporcional de lista
Bélgica	10	Proporcional	Proporcional de lista
Benin	6	Proporcional	Proporcional de lista
Brasil	170	Proporcional	Proporcional de lista
Bulgária	8	Proporcional	Proporcional de lista
Chile	15	Proporcional	Proporcional de lista
Costa Rica	4	Proporcional	Proporcional de lista
República Tcheca	10	Proporcional	Proporcional de lista
Dinamarca	5	Proporcional	Proporcional de lista
República Dominicana	8	Proporcional	Proporcional de lista
El Salvador	6	Proporcional	Proporcional de lista
Finlândia	5	Proporcional	Proporcional de lista
Grécia	10	Proporcional	Proporcional de lista
Honduras	6	Proporcional	Proporcional de lista
Israel	5	Proporcional	Proporcional de lista
Moçambique	20	Proporcional	Proporcional de lista
Holanda	16	Proporcional	Proporcional de lista
Nicarágua	5	Proporcional	Proporcional de lista
Noruega	4	Proporcional	Proporcional de lista
Polônia	39	Proporcional	Proporcional de lista
Portugal	10	Proporcional	Proporcional de lista
Romênia	22	Proporcional	Proporcional de lista
Eslováquia	5	Proporcional	Proporcional de lista
África do Sul	40	Proporcional	Proporcional de lista
Espanha	40	Proporcional	Proporcional de lista
Suécia	9	Proporcional	Proporcional de lista
Suíça	7	Proporcional	Proporcional de lista
Turquia	67	Proporcional	Proporcional de lista
Uruguai	3	Proporcional	Proporcional de lista

O impacto dos sistemas eleitorais será avaliado a partir de quatro tópicos: fragmentação partidária; formação de maiorias unipartidárias no Legislativo; desproporcionalidade na relação votos e cadeiras; representação de mulheres no Legislativo. A tabela 4 mostra as médias de quatro indicadores por tipo de sistema eleitoral empregado nas eleições para a Câmara dos Deputados. Embora os dados não permitam fazer inferências mais conclusivas sobre os efeitos dos sistemas eleitorais, eles permitem apontar algumas tendências gerais.[65]

A fragmentação partidária

O impacto dos sistemas eleitorais sobre o número de partidos é um dos aspectos mais estudados pela ciência política.[66] As proposições clássicas sobre o assunto foram apresentadas por Maurice Duverger: o sistema majoritário de um turno tende ao dualismo de partidos; o sistema majoritário de dois turnos e a representação proporcional tendem ao multipartidarismo.[67] Um extenso debate tratou de investigar o *status* das proposições de Duverger e apresentou várias formas de avaliá-las empiricamente. Um dos consensos desse debate é que os sistemas eleitorais produziriam efeitos mecânicos e psicológicos.

O efeito mecânico é a tendência de os sistemas eleitorais darem um bônus aos partidos mais votados e sub-representarem os partidos menos votados. A regra de maioria simples, por exemplo, tenderia a produzir um intenso efeito mecânico que afetaria a representação dos pequenos partidos. O efeito de um sistema eleitoral também é psicológico, na medida em que afeta a maneira que os eleitores e dirigentes partidários fazem suas escolhas. Nos sistemas majoritários, por exem-

---

[65] Para fazer inferências mais seguras seria necessário analisar um número maior de eleições e avaliar o impacto de outras variáveis (estrutura social, por exemplo). Tal exercício está além dos propósitos deste livro.

[66] Ver, por exemplo, Rae (1967); Taagepera e Shugart (1989); Lijphart (1994).

[67] A proposição clássica foi apresentada em Duverger (1987). Para um resumo do debate posterior, ver Nicolau (1996:44-49).

plo, os dirigentes dos pequenos partidos ficariam desencorajados de apresentar candidatos e os eleitores utilizariam com freqüência o voto útil. Portanto, o número de partidos dependeria simultaneamente dos efeitos mecânico e psicológico.

A primeira coluna da tabela 4 apresenta um quadro da fragmentação partidária na Câmara dos Deputados dos 55 países do quadro 5. Utilizei o *índice do número efetivo de partidos* que mede a concentração/dispersão de um sistema partidário (para o cálculo do índice, ver anexo C). Os dados de cada país são a média dos resultados da década das eleições realizadas nos anos 1990. Os sistemas eleitorais majoritários realmente têm um Legislativo com menor fragmentação ($N = 3,3$). Mas a surpresa é o desempenho dos sistemas mistos, com uma dispersão partidária superior ($N = 5,7$) à dos sistemas proporcionais ($N = 5,2$).

Tabela 4

Efeitos dos sistemas eleitorais sobre a representação política

Sistema eleitoral	Número efetivo de partidos	% de mulheres	Desproporcionalidade	% de cadeiras do maior partido na Câmara
Dois turnos	3	11,2	18,6	65,1
Voto alternativo	3	25,3	19	45,3
Maioria simples	4	11,3	13,2	51,4
Total dos sistemas majoritários	3	12,7	14,9	53,5
Superposição	5	7,3	16,1	38,7
Correção	6	17,7	10,8	39,9
Total dos sistemas mistos	6	13,7	13,1	39,4
Voto único transferível	3	13,3	10,7	46,4
Lista	5	22,5	8,6	42,4
Total dos sistemas proporcionais	5	22,2	8,7	40,1
Total	5	18,4	10,9	42,4

Fontes: Os dados brutos foram retirados do sites <www.pippanorris.com> e <www.electionsaroundtheworld.com> e de LeDuc, Niemi e Norris (2002:10-38).

Obs.: Para o número efetivo de partidos foram consideradas as eleições dos anos 1990; para os outros três indicadores, os resultados das eleições mais recentes.

As maiorias unipartidárias

O principal argumento em defesa dos sistemas majoritários é que eles favorecem a criação dos governos majoritários de um único partido, configuração que teria duas virtudes. A primeira, tradicionalmente associada aos governos parlamentaristas, é a produção de gabinetes mais estáveis politicamente e duradouros. A segunda, que tem aparecido com mais freqüência na literatura mais recente,[68] diz respeito a um maior controle dos eleitores sobre a natureza do governo que será formado. Em um sistema de maioria unipartidária não haveria necessidade de coalizões pós-eleitorais para formar o gabinete (ou o ministério, nos países presidencialistas). Com isso, para o eleitor é mais fácil acompanhar as políticas implementadas pelo governo ao longo do mandato, bem como utilizar seu voto para recompensar e punir esse governo.

A tabela 5 apresenta dados sobre o percentual das cadeiras obtidas pelo maior partido nas últimas eleições realizadas em cada um dos países do quadro 5.[69] Na média de todas as eleições, o partido com maior bancada recebeu 42,4% das cadeiras da Câmara dos Deputados. Mas os resultados confirmam as expectativas quando analisados por tipo de sistema eleitoral. Nos sistemas majoritários, o partido mais votado garante a maioria absoluta de cadeiras (53,5%). Nas outras variantes, o partido com mais cadeiras no Legislativo ficou num patamar muito abaixo: 39,4% nos sistemas mistos e 42,4% nos proporcionais.

A desproporcionalidade entre votos e cadeiras

A maior ou menor eqüidade quando se compara o percentual de votos e de cadeiras dos partidos na Câmara dos Deputados em uma determinada eleição depende de uma série de fatores: a fórmula eleitoral; a magnitude dos distritos; a existência de cláusulas de bar-

---

68 Ver, por exemplo, Powell Jr. (2000).

69 Considerei apenas as últimas eleições realizadas até dezembro de 2002.

reiras e distritos suplementares; o nível de distorção entre a população e os representantes dos distritos.

A utilização de um índice permite mensurar o grau de proporcionalidade (ou desproporcionalidade, como prefere a maioria dos autores) de um sistema eleitoral. O índice de desproporcionalidade proposto por John Loosemore e Victor Hanby, o índice *D*, é o mais utilizado na literatura (para o cálculo do índice, ver anexo C) e foi o escolhido para analisar os sistemas eleitorais.

A tabela 4 apresenta a desproporcionalidade produzida pelos diversos sistemas eleitorais (apenas as eleições mais recentes foram consideradas). A desproporcionalidade média foi de 10,9. Os sistemas majoritários são os mais desproporcionais (14,9), seguidos pelos sistemas mistos (13,1). Os sistemas proporcionais realmente são os mais equânimes quando se comparam os votos e as cadeiras dos partidos (8,7).

A representação das mulheres

Alguns autores têm investigado em que medida os sistemas eleitorais afetam a representação das mulheres nos Legislativos nacionais.[70] O argumento é que os sistemas proporcionais de lista seriam mais favoráveis à representação feminina do que os majoritários. Uma das vantagens do sistema proporcional, sobretudo com alta magnitude, é que ele permite estabelecer mecanismos de ação positiva, como as quotas, para favorecimento das mulheres. Atualmente, só na América Latina, 11 países têm leis estabelecendo que os partidos apresentem um número mínimo de mulheres como candidatas nas eleições nacionais.[71]

Como pode ser observado na tabela 5, a variação no número de mulheres representadas no Legislativo é muito grande, quando se observam os países individualmente: de 4,4% na Turquia a 45,3% na

---

70 Norris, 2004:179-208.

71 Ibid., p. 196.

Suécia. Mas os valores médios para cada um dos sistemas eleitorais confirmam as expectativas: o percentual de mulheres representadas na Câmara dos Deputados é o mais alto (22,7%), bem acima dos valores dos sistemas mistos (12,7%) e dos majoritários (11,7%).

Tabela 5

Efeito dos sistemas eleitorais em 55 países

País	% mulheres	*N*	% cadeiras do maior partido	*D*
Argentina	30,7	2	48,3	8,1
Austrália	25,3	3	45,3	19,0
Áustria	33,9	4	35,5	0,7
Bangladesh	2,0	3	53,3	16,3
Bélgica	35,3	10	15,3	7,3
Benin	6,0	8	32,5	17,9
Bolívia	18,5	7	25,4	8,2
Brasil	8,6	8	20,7	7,4
Bulgária	26,2	5	55,8	7,5
Canadá	20,6	5	57,1	17,6
Chile	12,5	7	32,5	14,2
Costa Rica	35,1	4	50,9	15,1
República Tcheca	17,0	5	37,0	11,5
Dinamarca	38,0	7	35,2	0,9
República Dominicana	17,3	3	55,7	6,8
El Salvador	10,7	5	34,5	4,4
Finlândia	37,5	7	25,5	8,0
França	12,2	3	41,8	25,5
Alemanha	32,2	6	45,4	6,0
Grécia	8,7	3	52,7	12,4
Honduras	5,5	3	52,3	3,5
Hungria	9,8	6	38,3	16,4
Índia	8,8	6	33,6	12,6
Irlanda	13,3	3	46,4	10,7
Israel	15,0	11	21,7	4,0

continua

País	% mulheres	*N*	% cadeiras do maior partido	*D*
Itália	11,5	9	29,6	10,2
Japão	7,3	6	46,6	8,4
Coréia	5,9	3	44,5	13,6
Lituânia	10,6	5	36,2	24,5
Malaui	9,3	3	48,4	3,0
Mali	10,2	2	88,4	11,8
México	22,6	3	43,6	9,3
Moçambique	30,0	2	53,2	14,3
Nepal	5,9	3	53,7	18,0
Holanda	36,7	6	30,0	3,1
Nova Zelândia	28,3	6	40,8	17,6
Nicarágua	20,7	3	46,7	4,2
Noruega	36,4	7	39,4	5,7
Polônia	20,2	4	43,7	18,5
Portugal	19,1	4	50,0	9,1
Romênia	10,7	7	44,8	18,4
Rússia	7,6	6	25,1	25,2
Eslováquia	19,3	6	28,7	6,0
África do Sul	29,8	5	66,5	1,2
Espanha	28,3	3	52,3	8,8
Suécia	45,3	7	37,5	2,6
Suíça	23,0	6	25,5	8,4
Taiwan	N.D.	3	54,7	5,8
Tailândia	9,2	6	49,6	12,1
Turquia	4,4	5	24,7	17,0
Ucrânia	5,3	8	25,1	9,2
Reino Unido	17,9	3	62,7	21,5
EUA	14,3	2	50,8	3,4
Uruguai	12,1	4	40,4	0,5
Venezuela	9,7	5	46,1	16,3

Fonte: Os dados brutos foram retirados dos sites <www.pippanorris.com> e <www.electionsaroundtheworld.com> e de LeDuc, Niemi e Norris (2002:10-38).

Os dados da tabela 4 confirmam algumas expectativas sobre os efeitos dos sistemas eleitorais. As fórmulas majoritárias realmente tendem a produzir legislativos unipartidários e menos fragmentados, mas as eleições são mais desproporcionais e as mulheres encontram mais dificuldades de estar representadas no Legislativo. Em linhas gerais, a ênfase na dimensão da governabilidade acaba afetando a representatividade. Os sistemas proporcionais são mais generosos na dimensão representativa: a fragmentação é maior, a desproporcionalidade é menos intensa e a taxa de mulheres representadas é maior. Mas dificilmente o partido mais votado consegue obter a maioria absoluta de cadeiras no Legislativo. Ou seja, a maior representatividade acaba afetando a governabilidade. Os sistemas mistos apresentam indicadores interessantes: em duas dimensões os dados estão mais próximos dos sistemas majoritários (desproporcionalidade e representação de mulheres) e em outras duas (fragmentação partidária e percentual de votos do partido mais votado) estão mais próximos da representação proporcional.

Referências bibliográficas

ASHER, Arian. The Israeli election for prime minister and the Knesset, 1996. *Electoral Studies*, v. 15, n. 4, 1996.

BARTOLINE Stefano; MAIR, Peter. *Identity, competition, and electoral availability*: the stabilization of European electorates, 1885-1985. Cambridge: Cambridge University Press, 1990.

BLAIS, Andre; CARTY, Richard K. The effectiveness of plurality rule. *British Journal of Political Science*, v. 18, n. 4, p. 551, 1988.

______; MASSICOTE, Louis. Electoral systems. In: LEDUC, Lawrence et al. (Eds.). *Comparing democracies 2*. London: Sage, 2002.

CARSTAIRS, Andrew. *A short history of electoral systems in Western Europe*. London: Allen and Unwin, 1980.

CREWE, Ivor. MP and their constituents in western democracies. In: BOGDANOR, Vernon (Ed.). *Representatives of people?* Parlamentarians and constituents in western democracies. Aldershot: Gower, 1985.

DUVERGER, Maurice. *Os partidos políticos* [1951]. Rio de Janeiro: Guanabara, 1987.

EDWARDS III, George; WATTEMBERG, Martin P.; LINEBERRY, Robert L. *Government in America*. New York: Longman, 2000.

FARREL, David M. *Comparing electoral systems*. London: Prentice Hall, 1997.

_______. *Electoral systems*: a comparative introduction. New York: Palgrave, 2001.

GALLAGHER, Michael; LAVER, Michael; MAIR, Peter. *Representative government in modern Europe*. New York: McGraw-Hill, 2001.

GOLDEY, David. The French general election of 21-28 March 1993. *Electoral Studies*, v. 12, n. 1, 1993.

KATZ, Richard S. Reforming Italian electoral law, 1993. In: SHUGART, Matthew Soberg; WATTEMBERG, Martin P. (Eds.). *Mixed-member electoral systems*: the best of both worlds? Oxford: Oxford University Press, 2001. p. 96-122.

KLINGEMANN, Hans-Dieter; WESSELS, Bernhard. The political consequences of Germany's mixed-member system: personalization at the grass roots. In: SHUGART, Matthew Soberg; WATTEMBERG, Martin P. (Eds.). *Mixed-member electoral systems*: the best of both worlds? Oxford: Oxford University Press, 2001. p. 279-296.

KRENERICH, Michael. Germany. In: REYNOLDS, Andrew; REILLY, Ben (Eds.). *The international Idea handbook of electoral design*. Stockholm: Idea, 1997. p. 76-78.

LAAKSO, Markku; TAAGEPERA, Rein. 'Effective' number of parties: a measure with application to West Europe. *Comparative Political Studies*, v. 12, n. 1, p. 3-27, 1979.

LANDMANN, Todd. "El Chiripero" win: the Venezuelan elections of 1993. *Electoral Studies*, v. 14, n. 3, 1995.

LEDUC, Lawrence; NIEMI, Richard; NORRIS, Pippa (Eds.). *Comparing democracies 2*. London: Sage, 2002.

LIJPHART, Arend. *Electoral systems and party systems*. Cambridge: Cambridge University Press, 1994.

LOOSEMORE, John; HANBY, Vicor. The theoretical limits of maximum destortion: some analytic expressions for electoral systems. *British Journal of Political Science*, v. 1, n. 4, 1971.

MACKERRAS, Malcom; MCALLISTER, Ian. Australia. *European Journal of Political Research*, v. 32, n. 3/4, 1997.

MACKIE, Thomas T.; ROSE, Richard. *The international almanac of electoral history*. London: Macmillan, 1991.

MARSH, Michael. The voters decide? Preferential voting in European list system. *European Journal of Political Research*, v. 13, n. 4, 1985.

MASSICOTE, Louis. Mixed electoral systems. In: ROSE, Richard (Ed.). *International encyclopedia of elections*, Washington: CQ Press, 2000. p. 165-171.

_______; BLAIS, Andre. Mixed electoral systems: a conceptual and empirical survey, *Electoral Studies*, n. 18, p. 341-366, 1999.

MILL, John Stuart. *O governo representativo* [1861]. São Paulo: Ibrasa, 1983.

NICOLAU, Jairo. *Multipartidarismo e democracia*: um estudo sobre o sistema partidário brasileiro (1985-94). Rio de Janeiro: FGV, 1996.

NORRIS, Pippa. The politics of electoral reform in Britain. *International Political Science Review*, v. 16, n. 1, p. 68, 1995.

_______. *Electoral engineering*: voting rules and political behavior. Cambridge: Cambridge University Press, 2004.

PEDERSEN, Mogens. On measuring party system change: a methodological critique and a suggestion. *Comparative Political Studies*, v. 12, n. 4, 1980.

POWELL JR., G. Bingham. *Elections as instruments of democracy*: majoritarian and proportional visions. New Haven: Yale University Press, 2000.

RAE, Douglas. *The political consequences of electoral laws*. New Haven: Yale University Press, 1967.

REED, Steven R.; THIES, Michael M. The causes of electoral reform in Japan. In: SHUGART, Matthew Soberg; WATTEMBERG, Martin P. *Mixed-member electoral systems*: the best of both worlds? Oxford: Oxford University Press, 2001. p. 152-172.

REYNOLDS, Andrew. South Africa: electoral system design and conflict management in Africa. In: ______; REILLLY, Ben. *The international Idea handbook of electoral system design*. Stockholm: Idea, 1997.

ROBERTS, Geoffrey. Neglected aspects of German electoral system. *Representation*, v. 33, n. 4, 1996.

ROSE, Richard (Ed.). *International encyclopedia of elections.* Washington, DC: CQ Press, 2000.

SARTORI, Giovanni. *Comparative constitutional engineering*: an inquiry into structures, incentives and results. London: Macmillan, 1994.

SCHIEMANN, John W. Hedging against uncertainty: regime change and the origins of Hungary's mixed-member system. In: SHUGART, Matthew Soberg; WATTEMBERG, Martin P. (Eds.). *Mixed-member electoral systems*: the best of both worlds? Oxford: Oxford University Press, 2001. p. 231-254.

SHUGART, Matthew Soberg; WATTEMBERG, Martin. Mixed-member electoral systems: a definition and typology. In: ______; ______ (Eds.). *Mixed-member electoral systems*: the best of both worlds? Oxford: Oxford University Press, 2001. p. 9-24.

STEED, Michael. Constituency. *The Blackwell encyclopædia of political institutions.* Editor Vernon Bogdanor. Oxford: Blackwell, 1985.

TAAGEPERA, Rein; SHUGART, Matthew Soberg. *Seats and votes.* New Haven: Yale University Press, 1989.

TAVARES, José Giusti. *Sistemas eleitorais nas democracias contemporâneas*: teoria, instituições, estratégia. Rio de Janeiro: Relume-Dumará, 1994.

_______. *Reforma política e retrocesso democrático*: agenda para reformas pontuais no sistema partidário e eleitoral brasileiro. Porto Alegre: Mercado Aberto, 1998.

THIES, Michael F. The general election in Japan, June 2000. *Electoral Studies*, v. 21, n. 1, p. 147-154, 2002.

UNGLAUB, Manfred. Eleições e sistema político: experiências com o voto distrital misto na Alemanha. In: *Partidos e sistemas eleitorais em tempos de reforma.* São Paulo: Konrad-Adenauer Stiftung, 1995. p. 7-29. (Série Debates, 9.)

Anexo A

Cédulas eleitorais

Figura A-1

Cédula do Reino Unido

VOTE FOR ONE CANDIDATE ONLY

1	**GRIFFIN** Theresa Griffin of 16 Dovedale Road, Liverpool L18 1DW Labour Party	
2	**MORRIS** Richard James Morris of 46 Croxteth Road, Liverpool L8 3SQ Liverpool Green Party	
3	**MUIES** Gabriel Muies of 26 Loudon Grove, Liverpool L8 8AT Independent	
4	**PRIDDIE** Hulbert Llewelyn Priddie of 10 Lesseps Road, Liverpool L8 0RD Liberal Democrat	
5	**ZSIGMOND** Carol Ann Zsigmond of 43 Rodney Street, Liverpool L1 9EW Conservative Party Candidate	

Figura A-2

Cédula da França

ÉLECTIONS LÉGISLATIVES - SCRUTINS DE MARS 93

Département du NORD - 13e Circonscription

ENTENTE DES ÉCOLOGISTES

GÉNÉRATION ÉCOLOGIE - LES VERTS

Mme DOMINIQUE MARTIN-FERRARI

Journaliste

Suppléant : RENAUD JOUGLET

Conseiller Municipal de Téteghem

GÉNÉRATION ÉCOLOGIE

Figura A-3

Cédula da Austrália

AUSTRALIA

BALLOT PAPER
HOUSE OF REPRESENTATIVES
WESTERN AUSTRALIA
ELECTORAL DIVISION OF
MOORE

Number the boxes from 1 to 5 in the order of your choice.

☐ LLOYD, Alan R
AUSTRALIAN DEMOCRATS

☐ WATSON, Mark
GREY POWER

☐ FILING, Paul
LIBERAL

☐ STEELS, Brian
THE GREENS (W.A.)

☐ BLANCHARD, Allen
AUSTRALIAN LABOR PARTY (ALP)

Remember...number every box to make your vote count.

Australian Electoral Commission **AEC**

Figura A-4

Cédula da Irlanda

THE SINGLE TRANSFERABLE VOTE SYSTEM

Marcáil ord do rogha sna spáis seo síos. Mark order of preference in spaces below.	Marc Oifigiúl Official Mark
	BARLOW-COMMUNITY (Hannah Barlow-Community, of 67, Shantalla, Beaumont, Dublin. Alderman, Housewife, Midwife.)
	BELTON—FINE GAEL (Paddy Belton, of Ballivor, Howth, Co. Dublin. Director of Family Business.)
	BIRMINGHAM—FINE GAEL (George Birmingham, of "Denville", 498 Howth Road, Raheny, Dublin 5. City Councillor and Barrister-at-Law.)
	BRADY—FIANNA FÁIL (Vincent Brady, of 138, Kincora Road, Dublin 3. Company Director.)
	BROWNE—SOCIALIST LABOUR PARTY (Noel Browne, of Stepaside, Church Road, Malahide, Dublin. Medical Doctor)
	BYRNE—FINE GAEL (Mary Byrne, of 177, Seafield Road, Clontarf, Dublin 3. City Councillor.)
	CURLEY—THE COMMUNIST PARTY OF IRELAND (John Curley, of 44, Greencastle Road, Coolock, Dublin 5. Storeman.)
	DILLON (Andrew Dillon, of Drumnigh, Portmarnock, Co. Dublin. Solicitor.)
	DOHERTY (Vincent Doherty, of 76, Pembroke Road, Dublin. H Blocks Campaigner.)
	HAUGHEY—FIANNA FÁIL (Charles J. Haughey, of Abbeville, Kinsealy, Malahide, Co. Dublin. Taoiseach.)
	MARTIN—THE LABOUR PARTY (Michael Martin, of 28, Seafield Road. Insurance Agent.)
	O'HALLORAN—THE LABOUR PARTY (Michael O'Halloran, of 141, Ardlea Road, Artane. Public Representative and Trade Union Official.)
	TIMMONS—FIANNA FÁIL (Eugene Timmons, of 42, Copeland Avenue, Dublin 3. Public Representative.)

TREORACHA

I. **Féach chuige go bhfuil an marc oifigiúil ar an bpáipéar.**
II. **Scríobh an figiúr 1 le hais ainm an chéad iarrthóra is rogha leat, an figiúr 2 le hais do dhara rogha agus mar sin de.**
III. **Fill an páipéar ionas nach bhfeicfear do vóta. Taispeáin *cúl an pháipéir* don oifigeach ceannais, agus cuir sa bhosca ballóide é.**

INSTRUCTIONS

I. **See that the official mark is on the paper.**
II. **Write 1 beside the name of the candidate of your first choice, 2 beside your second choice, and so on.**
III. **Fold the paper to conceal your vote. Show *the back of the paper* to the presiding officer and put it in the ballot box.**

Figura A-5
Cédula da África do Sul

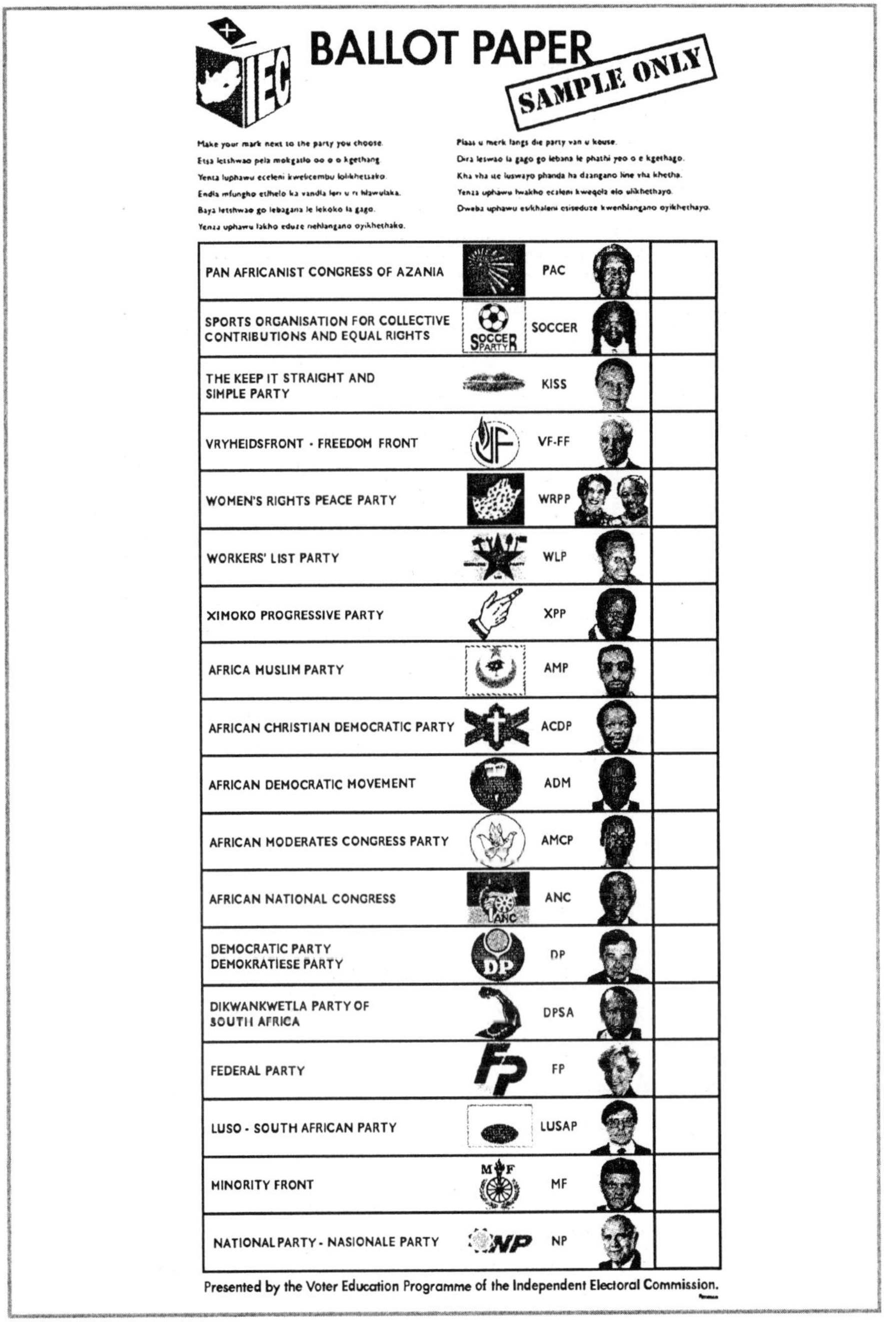

BALLOT PAPER

SAMPLE ONLY

Make your mark next to the party you choose.
Etsa letshwao pela mokgatlo oo o o kgethang.
Yenta luphawu eceleni kwelicembu lolikhetsako.
Endla mfungho etlhelo ka vandla leri u ri hlawulaka.
Baya letshwao go lebagana le lekoko la gago.
Yenza uphawu lakho eduze nehlangano oyikhethako.

Plaas u merk langs die party van u keuse.
Dira leswao la gago go lebana le phathi yeo o e kgethago.
Kha vha ite luswayo phanda ha dzangano line vha khetha.
Yenza uphawu lwakho ecaleni kweqela elo ulikhethayo.
Dweba uphawu eskhaleni esiseduze kwenhlangano oyikhethayo.

PAN AFRICANIST CONGRESS OF AZANIA	PAC	
SPORTS ORGANISATION FOR COLLECTIVE CONTRIBUTIONS AND EQUAL RIGHTS	SOCCER	
THE KEEP IT STRAIGHT AND SIMPLE PARTY	KISS	
VRYHEIDSFRONT - FREEDOM FRONT	VF-FF	
WOMEN'S RIGHTS PEACE PARTY	WRPP	
WORKERS' LIST PARTY	WLP	
XIMOKO PROGRESSIVE PARTY	XPP	
AFRICA MUSLIM PARTY	AMP	
AFRICAN CHRISTIAN DEMOCRATIC PARTY	ACDP	
AFRICAN DEMOCRATIC MOVEMENT	ADM	
AFRICAN MODERATES CONGRESS PARTY	AMCP	
AFRICAN NATIONAL CONGRESS	ANC	
DEMOCRATIC PARTY DEMOKRATIESE PARTY	DP	
DIKWANKWETLA PARTY OF SOUTH AFRICA	DPSA	
FEDERAL PARTY	FP	
LUSO - SOUTH AFRICAN PARTY	LUSAP	
MINORITY FRONT	MF	
NATIONAL PARTY - NASIONALE PARTY	NP	

Presented by the Voter Education Programme of the Independent Electoral Commission.

Figura A-6

Cédula do Brasil: eleições de 1990, estado do Rio de Janeiro

PARA GOVERNADOR

45	Ronaldo Cezar Coelho
50	Jussara
13	Bittar
12	Brizola
15	Nelson Carneiro

1ª DOBRA

PARA SENADOR

(Assinale com X apenas um nome)

451	Técio Lins e Silva
501	Jasiel Santana
701	Vicente Mattos
131	Milton Temer
121	Darcy
151	Francisco Amaral

PARA DEPUTADO FEDERAL

____

NOME DO CANDIDATO

OU

NÚMERO DO CANDIDATO ______________

Para votar só na Legenda, assinale abaixo com X o Partido

PDS	PDT	PT	PTB	PMDB	PDC	PSC
11	12	13	14	15	17	20
PL	PCB	PFL	PTR	PCN	PMN	PRN
22	23	25	28	31	33	36
PSB	PSO	PRP	PSDB	PNAB	PS	PST
40	41	44	45	47	50	52
PRONA	PSL	PCS	PSU	PAP	PCdoB	PNT
58	59	60	63	64	65	67
PD	PTdoB	PAS				
68	70	72				

2ª DOBRA

PARA DEPUTADO ESTADUAL

____

NOME DO CANDIDATO

OU

NÚMERO DO CANDIDATO ______________

Para votar só na Legenda, assinale abaixo com X o Partido

PDS	PDT	PT	PTB	PMDB	PDC	PSC
11	12	13	14	15	17	20
PL	PCB	PFL	PTR	PCN	PMN	PRN
22	23	25	28	31	33	36
PSB	PSO	PRP	PSDB	PNAB	PS	PST
40	41	44	45	47	50	52
PRONA	PSL	PCS	PSU	PAP	PCdoB	PNT
56	59	60	63	64	65	67
PD	PCdoB	PAS				
68	70	72				

Figura A-7
Cédula da Bélgica

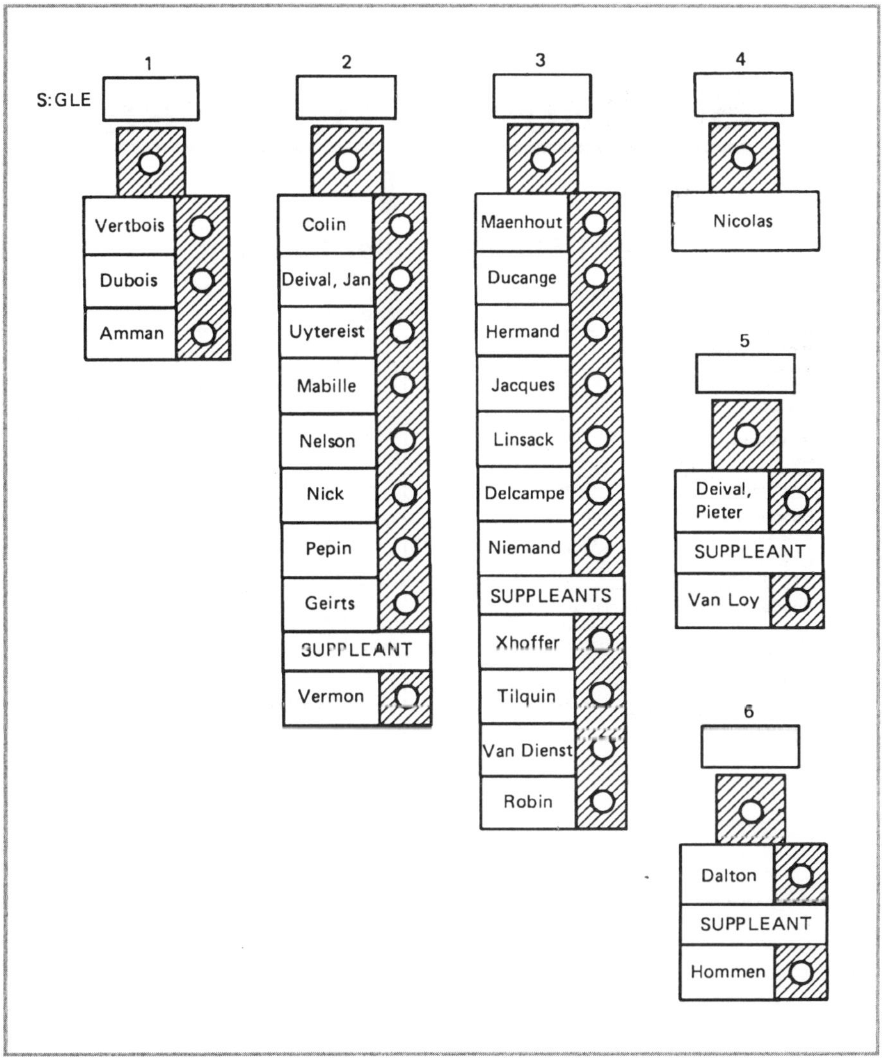

Figura A-8

Cédula da Alemanha

Stimmzettel

für die Wahl zum Deutschen Bundestag im Wahlkreis 63 Bonn am 6. März 1983

Sie haben 2 Stimmen

hier 1 Stimme
für die Wahl
eines Wahlkreisabgeordneten
(Erststimme)

1	**Prof. Dr. Ehmke,** Horst Professor für öffentliches Recht Bonn Am Römerlager 4	**SPD**	Sozialdemokratische Partei Deutschlands	◯
2	**Dr. Daniels,** Hans Notar Bonn Schmidtbonnstr. 7	**CDU**	Christlich Demokratische Union Deutschlands	◯
3	**Rentrop,** Franz Friedhelm Steuerberater u. Wirtschaftsprüfer Born-Bad Godesberg Langenbergsweg 72	**F.D.P.**	Freie Demokratische Partei	◯
4	**Rohde,** Volker August Wilhelm Fritz Journalist Bonn-Beuel Stroofstr. 15	**DKP**	Deutsche Kommunistische Partei	◯
5	**Dr. Skupnik,** Wilfried Bruno Beamter Bonn Clausiusstr. 21	**GRÜNE**	DIE GRÜNEN	◯

hier 1 Stimme
für die Wahl
einer Landesliste (Partei)
(Zweitstimme)

◯	**SPD**	Sozialdemokratische Partel Deutschlands Brandt, Wischnewski, Frau Huber. Schmidt., Frau Renger	1
◯	**CDU**	Christlich Demokratische Union Deutschlands Dr. Barzel. Dr. Blum. Frau Dr. Wilms. Vogel. Frau Hurland	2
◯	**F.D.P.**	Freie Demokratische Partei Genscher, Dr. Graf Lambsdorff,. Frau Dr. Adam-Schwaelzer, Dr. Hirsch Möllemann	3
◯	**DKP**	Deutsche Kommunistische Partei Mies, Frau Nieth, Frau Bobrzik, Sublitz Frau Buschmann	4
◯	**GRÜNE**	DIE GRÜNE Vogel, Frau Dr. Vollmer. Stratmann, Frau Nickers, Schily	5
◯	**EAP**	Europäische Arbeiterpartei Frau Zepp-La Rouche Cramer, Frau Cramer Schiele Vitt	6
◯	**KPD**	Kommunistische Partei Deutschlands (Marxisten-Leninisten) Brand. Detjen, Frau Schnoor, Voß, Frau Lenger Koloska	7
◯	**NPD**	Nationaldemokratische Partei Deutschlands Schultz. Gerlach, Frau Krüger, Siepmann, Aengenvoort	8
◯	**USD**	Unabhängige Soziale Demokraten Bonnemann. Vorhagen. Thänhardt. Bartz. Stahlschmidt	9

Anexo B

Fórmulas para distribuição de cadeiras no sistema proporcional de lista

Os cinco exemplos apresentados neste anexo mostram como funcionam as cinco fórmulas eleitorais mais utilizadas nos países que adotam a representação proporcional de lista.[72] Imagine que seis partidos concorreram e obtiveram as seguintes votações: Azul (57.000), Branco (26.000), Vermelho (25.950), Verde (12.000), Amarelo (6.010), Preto (3.050). Doze cadeiras estão em disputa.

Os três primeiros exemplos apresentam distribuições pelo sistema de maiores médias. Os votos de cada partido são divididos pelos números das séries. As letras ao lado de cada valor indicam a ordem em que as cadeiras foram distribuídas.

A fórmula D'Hondt, que utiliza os divisores 1, 2, 3, 4, 5 etc., sobre-representa o maior partido. Pela distribuição, quatro partidos receberiam cadeiras (Azul, Branco, Vermelho e Verde), mas o maior ficaria com metade delas. A fórmula Sainte-Laguë modificada utiliza divisores ímpares, mas cria um pequeno obstáculo na primeira divisão, pois, no lugar de 1, o primeiro divisor é 1,4; os mesmos quatro partidos obteriam representação, mas o maior partido (Azul) perderia uma cadeira para o Partido Vermelho. A fórmula Sainte-Laguë

[72] Os dados deste anexo foram retirados de Blais e Massicote (2002:49-500).

utiliza divisores ímpares e é a mais favorável aos pequenos partidos: o Partido Amarelo passaria a receber uma cadeira.

Exemplo B-1

Fórmula D'Hondt

Divisores	Azul (57.000)	Branco (26.000)	Vermelho (25.950)	Verde (12.000)	Amarelo (6.010)	Preto (3.050)
1	57.000 (A)	26.000 (C)	25.950 (D)	12.000 (I)	6.010	3.050
2	28.500 (B)	13.000 (G)	12.975	6.000		
3	19.000 (E)	8.667 (L)	8.650			
4	14.250 (F)	6.500				
5	11.400 (J)					
6	9.500 (K)					
7	8.143					
Total de cadeiras	6	3	2	1	0	0

Exemplo B-2

Fórmula Sainte-Laguë modificada

Divisores	Azul (57.000)	Branco (26.000)	Vermelho (25.950)	Verde (12.000)	Amarelo (6.010)	Preto (3.050)
1,4	40.714 (A)	18.571 (C)	18.536 (D)	8.571 (H)	4.293	2.179
3	19.000 (B)	8.667 (F)	8.650 (G)	4.000		
5	11.400 (E)	5.200 (K)	5.190 (L)			
7	8.143 (I)	3.714	3.707			
9	6.333 (J)					
11	5.182					
Total de cadeiras	5	3	3	1	0	0

Exemplo B-3

Fórmula Sainte-Laguë

Divisores	Azul (57.000)	Branco (26.000)	Vermelho (25.950)	Verde (12.000)	Amarelo (6.010)	Preto (3.050)
1	57.000 (A)	26.000 (B)	25.950 (C)	12.000 (E)	6.010 (K)	3.050
3	19.000 (D)	8.667 (G)	8.650 (H)	4.000		
5	11.400 (F)	5.200 (L)	5.190			
7	8.143 (I)	3.714	3.707			
9	6.333 (J)					
11	5.182					
Total de cadeiras	5	3	2	1	1	0

Os exemplos B-4 e B-5 apresentam a distribuição das cadeiras de acordo com duas fórmulas de maiores sobras. Inicialmente é calculada uma quota. A seguir, os votos dos partidos são divididos pela quota, estabelecendo quantas cadeiras cada partido receberá. As cadeiras não ocupadas nesta fase vão para os partidos com as maiores sobras; ou seja, com votos mais próximos da quota.

O exemplo B-4 utiliza a quota Hare (votos/cadeiras). Após a divisão da votação de cada partido pela quota, 10 cadeiras são ocupadas. As duas restantes vão para os partidos com as maiores sobras (Branco e Amarelo). O exemplo B-5 utiliza a quota Droop (votos/cadeiras + 1). Novamente, 10 cadeiras são ocupadas pela quota. As duas restantes são conquistadas pelos maiores partidos (Azul e Branco). A quota Hare é mais favorável aos pequenos partidos e produz resultados mais proporcionais.

Exemplo B-4

Quota Hare de maiores sobras

Quota Hare: 130.010 ÷ 12 cadeiras = 10.834

Partido	Votos (A)	Quota (B)	A ÷ B	Maiores sobras	Total de cadeiras
Azul	57.000	10.834	5,26		5
Branco	26.000	10.834	2,40	x	3
Vermelho	25.950	10.834	2,395		2
Verde	12.000	10.834	1,10		1
Amarelo	6.010	10.834	0,55	x	1
Preto	3.050	10.834	0,28		0
Total	130.010	-	10	2	12

Exemplo B-5

Quota Droop de maiores sobras

Quota Droop: 130.010 votos ÷ 13 (12 cadeiras + 1) = 10.000

Partido	Votos (A)	Quota (B)	A ÷ B	Maiores sobras	Total de cadeiras
Azul	57.000	10.001	5,700	x	6
Branco	26.000	10.001	2,600		2
Vermelho	25.950	10.001	2,595		2
Verde	12.000	10.001	1,200		1
Amarelo	6.010	10.001	0,601	x	1
Preto	3.050	10.001	0,305		0
Total	130.010	-	10	2	12

Anexo C

Os índices mais utilizados nos estudos eleitorais

Quatro índices têm sido utilizados com muita freqüência nos estudos sobre partidos e eleições: fracionalização, número efetivo de partidos, volatilidade e desproporcionalidade. Os dois primeiros medem o grau de dispersão e concentração do poder partidário numa eleição ou no Legislativo. O índice de volatilidade compara o grau mínimo de mudança das preferências eleitorais entre duas eleições consecutivas. O índice de desproporcionalidade avalia as distorções entre os votos e as cadeiras dos partidos numa mesma eleição.

Fracionalização (F)

Douglas Rae (1967) foi o primeiro a utilizar um índice de dispersão/concentração das unidades de uma população na análise das eleições.[73] *O índice de fracionalização* (F), proposto por ele, tem a seguinte expressão matemática:

$$F = 1 - \Sigma p_i^2$$

onde p_i é a proporção de votos (ou cadeiras) do partido i.

---

73 De acordo com Taagepera e Shugart (1989), o índice proposto por Rae é uma adaptação do índice de concentração de Herfindahl-Hirschman (HH).

O *índice F* é calculado da seguinte maneira: a percentagem de votos de cada partido é elevada ao quadrado; o resultado é somado e subtraído de 1. Observe que como a percentagem de votos de cada partido é elevada ao quadrado, a contribuição dos maiores partidos para o índice é elevada. Por exemplo: enquanto o peso de um partido com 50% é 0,25 (0,50 × 0,50), o de um partido com 10% é 0,01 (0,10 × 0,10).

Teoricamente, o índice *F* é "baseado na probabilidade que dois eleitores escolhidos aleatoriamente tenham votado em partidos diferentes em uma dada eleição".[74] Em uma situação em que um único partido recebesse a totalidade dos votos, essa possibilidade não existiria, e o valor do índice seria igual a 0. No outro extremo, no caso de cada eleitor votar em um partido diferente, a probabilidade seria de 100%, com $F = 1$.

O índice *F* também é utilizado na análise da dispersão/concentração parlamentar. Nesse caso, ele evidencia a probabilidade de dois deputados escolhidos aleatoriamente pertencerem a partidos diferentes. Na tabela C-1, o valor de *F* para o ano de 1994, por exemplo, revela uma probabilidade de 87% de dois deputados federais não pertencerem ao mesmo partido.

Tabela C-1

Fracionalização (*F*) parlamentar no Brasil: Câmara dos Deputados, 1982-2002

Ano	*F*
1982	0,58
1986	0,65
1990	0,88
1994	0,88
1998	0,86
2002	0,88

74 Rae, 1967:57.

A principal limitação do uso do índice F nos estudos sobre sistemas partidários é que índices matematicamente iguais podem expressar configurações partidárias diferenciadas, como pode ser observado no exemplo C-1.[75]

Exemplo C-1

% CADEIRAS	NÚMERO DE PARTIDOS COM MAIS DE 10%
34 - 33 - 33	3
45 - 29 - 21 - 5	3
55 - 7 - 7 - 7 - 7 - 7 - 7 - 3	1

As diferenças entre as três situações são claras. No primeiro caso, os três partidos obtiveram votações praticamente iguais e distantes da maioria absoluta. No segundo, um partido esteve próximo de atingir a maioria, enquanto outros dois receberam mais de 20% das cadeiras. No terceiro, um único partido obteve maioria absoluta da representação, com uma intensa dispersão das cadeiras restantes entre diversos partidos. Apesar das diferenças, nos três casos, o índice F foi igual a 0,67.

Número efetivo de partidos (N)

Marku Laakso e Rein Taagepera[76] propuseram outro índice para mensurar as unidades (partidos) e o peso relativo destas em uma dada população (eleitorado ou Legislativo). *O índice do número efetivo de partidos* (N) tem a seguinte expressão matemática:

$$N = 1/\Sigma\, p_i^2$$

onde p_i é a proporção de votos (ou cadeiras) do partido i.

75 Ver Taagepera e Shugart (1989:259).

76 Laakso e Taagepera, 1979:3-27.

O *índice N* é calculado da seguinte maneira: a percentagem de votos de cada partido é elevada ao quadrado; o resultado de cada partido é somado; divide-se 1 pelo resultado da soma anterior. Observe que a operação matemática central ($\Sigma\ vi^2$) é a mesma nos casos de *F* e de *N*. A diferença é que no primeiro caso o valor encontrado é subtraído de 1, enquanto no segundo caso 1 é o dividendo.

O índice *N* revela o número de partidos em uma situação hipotética em que todos receberiam a mesma votação. Se cinco partidos, por exemplo, obtivessem percentagem idêntica de votos (0,20; 0,20; 0,20; 0,20; 0,20), *N* seria igual a 5. O índice *N* também pode ser calculado tomando a percentagem de cadeiras dos partidos no Legislativo. A tabela C-2 apresenta o *número efetivo de partidos* da Câmara dos Deputados brasileira, resultante das eleições de 1982, 1986, 1990, 1994, 1998 e 2002.

Tabela C-2

Número efetivo de partidos na Câmara dos Deputados: Brasil, 1982-2002

Ano	*N*
1982	2,39
1986	2,83
1990	8,69
1994	8,16
1998	7,14
2002	8,49

A vantagem do índice *N* em relação ao *F* é que ele é mais concreto, se aproximando de uma avaliação intuitiva do número de partidos relevantes. Por exemplo, em uma situação em que dois partidos receberam 50%, *N* seria igual a 2, enquanto *F* seria igual a 0,5. À maneira de

F, a interpretação de *N* exige cuidados com relação às configurações partidárias específicas. Observe novamente os dados do exemplo C-1. Nas três distribuições, o valor do índice *N* seria igual a 3.[77]

Volatilidade (VT)

O *índice de volatilidade* (*VT*) mede o grau de mudança eleitoral agregada entre duas eleições consecutivas.

O índice proposto por Mogens Pedersen (1980) é calculado da seguinte maneira: o percentual de votos (ou cadeiras) que um partido recebeu numa eleição é subtraído do percentual de votos obtidos por esse mesmo partido na eleição antecedente; a diferença indica a volatilidade, e os sinais (–) e (+) revelam, respectivamente, declínio e crescimento de um partido. A volatilidade total (*VT*) é obtida pela soma das volatilidades de cada partido (desconsiderando-se o sinal) dividida por 2. O índice varia de 0 a 100. Sua expressão matemática é:

$$VT = \frac{|PiV| + |PjV| + |PkV| + \ldots |PnV|}{2}$$

onde *PiV* representa a diferença percentual de votos (ou cadeiras) para o partido *i* entre duas eleições consecutivas.

A tabela C-3 apresenta a volatilidade total (*VT*) calculada para a composição da Câmara dos Deputados brasileira, derivada das eleições de 1982, 1986, 1990, 1994, 1998 e 2002.

77 Para um breve balanço das virtudes e defeitos desse índice, ver Lijphart (1994:69-70).

Tabela C-3

Volatilidade total (votos e cadeiras) nas eleições para a Câmara dos Deputados: Brasil, 1982-2002

Período	*VT* (votos)	*VT* (cadeiras)
1982-86	17,6	18,1
1986-90	27,4	32,1
1990-94	17,4	17,2
1994-98	12,9	13,7
1998-02	15,0	15,6

Dois cuidados devem ser tomados quando da interpretação do índice de volatilidade total (*VT*). O primeiro é que, mesmo numa situação em que não haja mudanças de preferências dos eleitores, pode haver algum grau de volatilidade. A razão é simples: novos eleitores podem ter um padrão de votação diferente dos eleitores tradicionais. Tal fenômeno pode ser observado no exemplo C-2, que apresenta uma situação hipotética em que a volatilidade deriva da diferença entre os votos dos novos eleitores e a dos eleitores que morreram. Mesmo que a votação dos eleitores tradicionais tenha-se repetido, houve uma mudança da votação final dos partidos, refletida numa volatilidade total igual a 2.[78]

Exemplo C-2

Partidos	Votos na eleição 1	Distribuição de preferência dos novos eleitores na eleição 2	Distribuição de preferência dos eleitores mortos	Votos na eleição 2
A	30	2	1	31
B	35	1	2	34
C	20	0	1	19
Abstenção	10	1	1	10
Votos inválidos	5	1	0	6
Total	100	5	5	100

[78] Exemplo retirado de Bartoline e Mair (1990:21).

O segundo cuidado diz respeito à relação entre as mudanças na esfera das preferências individuais e a volatilidade agregada. Um partido pode manter o mesmo percentual de votos em duas eleições consecutivas no agregado, mas não no plano micro. Por exemplo, imagine que dois partidos (A e B) tenham recebido cada um 50% dos votos em duas eleições consecutivas, mas todos os eleitores de A na eleição 1 votaram em B na eleição 2 e vice-versa. Apesar de todos os eleitores terem mudado de voto no plano micro, a volatilidade total foi igual a 0.

Sefano Bartolini e Peter Mair (1990) propuseram o cálculo da *volatilidade de bloco* (*VB*) e da *volatilidade intrabloco* (*VI*). Diferentemente do índice de *volatilidade total*, que é baseado nos ganhos e perdas dos partidos individuais, *VB* e *VI* tomam como base um conjunto de partidos, tais como: partidos de governo *x* oposição, direita *x* esquerda, partidos religiosos *x* laicos. A *volatilidade de bloco* tem a seguinte expressão matemática:

$$VB = \tfrac{1}{2} \left| P\,(av + bv + cv) \right| + \left| P\,(dv + ev + fv) \right|$$

onde $P\,(av + bv + cv)$ representa o percentual de votos conquistados (ou perdidos) pelos partidos deste bloco relativamente ao bloco $P\,(dv + ev + fv)$. A volatilidade de bloco é parte da volatilidade total e evidencia o intercâmbio que ocorre entre os dois blocos.

A *volatilidade intrablocos* é igual à diferença entre a *volatilidade total* e a *volatilidade de bloco*. Desta maneira:

$$VT = VB + VI$$

A volatilidade intrablocos pode ser medida pela soma total, para cada bloco, dos partidos com sinal algébrico diferente daquele do bloco como um todo. Por exemplo, imaginemos dois blocos com três partidos e volatilidades individuais iguais a (+6, -2, -1) e (-5, -2, +4), e volatilidade total igual a 10. Nesse caso, *VB* e *VI*, seriam:

$$VB = |(+6 - 2 - 1)| + |(-5 - 2 + 4)| / 2 = 3$$
$$VI = |-2| + |-1| + |+4| = 7\ (10 - 3)$$

Desproporcionalidade (D)

O índice de desproporcionalidade proposto por John Loosemore e Victor Hanby (1971) mensura a diferença entre os percentuais de votos e de cadeiras em uma determinada eleição. O *índice D*, como ficou conhecido, é o somatório das diferenças absolutas entre o percentual de votos (v_i) e o percentual de cadeiras (c_i), dividido por 2:

$$D = \tfrac{1}{2} \Sigma\ |v_i - c_i|$$

O índice *D* varia de 0 a 100. Em uma situação hipotética em que todos os partidos obtivessem o mesmo percentual de cadeiras e votos, *D* seria igual a 0, portanto o sistema seria rigorosamente proporcional. O índice seria igual a 100 numa situação pouco provável em que um(s) partido(s) sem votos recebesse(m) a totalidade das cadeiras, e outro(s) partido(s) que recebera(m) todos os votos ficasse(m) sem representação. A tabela C-4 apresenta a taxa de desproporcionalidade nas eleições para a Câmara dos Deputados do Brasil (1982-2002).

Tabela C-4

Desproporcionalidade (*D*) nas eleições para a Câmara dos Deputados: Brasil, 1982-2002

Ano	(D)
1982	5,8
1986	12,1
1990	10,6
1994	8,9
1998	8,9
2002	7,4

A principal limitação do índice *D* é que é muito sensível aos pequenos partidos. Nas eleições em que um número significativo de partidos não consegue eleger um representante, o índice acaba aumentando. Dessa maneira, sistemas em que muitos partidos disputam as eleições — em geral, sistemas de representação proporcional — tendem a ter a desproporcionalidade exagerada.[79]

79 Para a apresentação de outros índices utilizados na mensuração da distorção entre votos e cadeiras em uma eleição, ver Lijphart (1994).

Esta obra foi impressa pela
Markgraph Gráfica e Editora Ltda. em papel off set
Bahia Sul para a Editora FGV
em setembro de 2004.